JN245047

北朝鮮問題のジレンマを「戦略的虚構」で乗り越える

松竹伸幸
Matsutake Nobuyuki

あおぞら書房

まえがき

「6・12」から半年以上が過ぎた。

「6・12」と言われても、すぐにはピンとこない人もいるだろう。アメリカのトランプ大統領と北朝鮮の金正恩《キム・ジョンウン》総書記による、2018年に行われた史上初の米朝首脳会談の日付である。

アメリカを襲った同時多発テロの「9・11」（2001年）や、東日本大震災と福島原発事故の「3・11」（2011年）と同じく、「6・12」が歴史に刻まれる日となるのか。それとも他の多くの出来事と同様、歴史のなかに埋もれていく日になるのか——。

現時点ではどちらになるとも言いがたい。2回目の首脳会談も模索されているようだが、「6・12」以降、北朝鮮の非核化に見るべき進展がないという一事をもってしても、ただただ米朝交渉の当事者に期待を寄せる傍観者的姿勢では、決して首脳会談の合意を実らせることはできない。

よく知られているように、米朝の間での核問題をめぐる同様の合意は、過去にも2回成立した

（第1章で論じる）。「あわや戦争か」という緊張が走り、薄氷を踏むような思いをしながら、ようやく合意が成ってホッと一息つく。けれども結局、その合意が実ることはなく、再び危機的な事態が到来するということがくり返されてきたのである。

3度目の危機は、金正恩総書記による度重なる核・ミサイル実験と、トランプ大統領の挑発的な言辞がぶつかりあうかたちで進行したが、突如、両者の会談によって収まることになった。

この「6・12」は、結局は破綻した過去2回の合意の再現になってしまうのだろうか。

これまでと異なり、米朝の最高首脳同士が合意した重みがあるから大丈夫だと強調する人がいる。その重みは筆者も否定しない。しかし一方で、あの2人の首脳の合意だからこそ信用できないという人もいて、それはそれで納得できる。

筆者は、今回の合意が「二度あることは三度ある」という結果になってほしくないという立場である。「三度目の正直」であってほしい。けれども、過去の合意は破綻したという厳然たる事実が存在するのだから、それがなぜ破綻したのかを検証することなしに、「6・12」合意を実らせる道筋は語れないことも確かであろう。

結論を先取りしておくと、筆者は、過去の合意は結局、焦点であった二つの要素をめぐるジレンマのせいで崩壊に至ったと考えている。北朝鮮の「非核化」と「体制保証」という、まさに合意の核心部分をなす二つである。

ジレンマとは、「自分の思い通りにしたい二つの事柄のうち、一方を思い通りにすると他の一方が必然的に不都合な結果になるという苦しい立場。板ばさみ」(『大辞林』第3版)とされている。北朝鮮をめぐるジレンマは、非核化と体制保証というそれぞれの課題のなかにも存在するし、二つの課題の関係のなかにも存在する。北朝鮮の「非核化」を進めようとすると「体制保証」との間で矛盾をきたし、「体制保証」をしようとすると「非核化」が遠のいてしまう関係にあるということだ。

さらにこのジレンマは、北朝鮮とアメリカだけでなく、中国、韓国、そして日本にも存在する。これまで、アメリカも北朝鮮も、このジレンマを乗り越えようと真剣に努力した。にもかかわらず結局は合意が破綻したのは、この問題がそういう関係にあるからだ。

そのことを深く正確に捉えないと、これまでの合意が破綻した原因は見えてこないし、ジレンマを断ち切るための道筋も見えてこない。その道筋を示す結論部分(第4章)まで、いささか遠い道のりになるが、最後までつきあっていただければ幸いである。

北朝鮮問題のジレンマを「戦略的虚構」で乗り越える

目次

第2章　「非核化」と「体制保証」は両立できるのか——ジレンマの連鎖　55

北朝鮮問題のジレンマを「戦略的虚構」で乗り越える

第1章

また同じ挫折を繰り返すのか

ジレンマの歴史

ニューヨーク——1992年9月28日

国連総会に参加するため北朝鮮からアメリカにやってきた金永南《キム・ヨンナム》外相を歓迎するための昼食会を、ニューヨークのアジア・ソサエティが主催した。

アメリカ国務省にも招待状が届き、北朝鮮担当のケネス・キノネスが出席することになる。キノネスには、「(相手から) 声をかけられるまではこちらから話しかけるな」という指示が出されていた。

しかし、「招待を受けたこと自体が、国際エネルギー機関 (IAEA) に協力し韓国との対話を続ける平壌《ピョンヤン》に対する、米国務省の善意の暗黙裏の証であった」。

昼食会の会場。一人の男がキノネスの背後から声をかけてくる。

「初めまして。あなたが、われわれの言葉をしゃべっておられるので、つい失礼しました。自己紹介させてください。私は朝鮮民主主義人民共和国 (国連) 大使の許鐘《ホ・ジョン》です」

お互いの経歴などを紹介しあったあと、許はキノネスを金外相のところに連れて行く。

金永南「国務省官吏がどうしてワシントンからわざわざやってきたのか」

キノネス「ええっと、実は、単に何人かの旧友に会いにやってきたのです」

ぎこちないやりとりに苦笑した『ワシントン・ポスト』の敏腕記者が、金とキノネスに夕食でも一緒にとったらどうかと提案する。

それを受けて、カーネギー平和財団の代表が、「私がセットしよう」と表明した。

キノネスは、第三者の招待であれば国務省の事前の了解を得て参加できるというマニュアルに沿って、あわてて国務省に電話を入れる。

そして実現した夕食会。北朝鮮の筆頭は、金桂寛《キム・ゲガン》核問題担当大使に替わっている。

金桂寛「昨年9月の国連総会で、貴国のブッシュ大統領は、海外配備の戦術核兵器を撤去すると声明したはずだ。しかし、韓国の雑誌『マル』8月号によると、核兵器を搭載した原子力潜水艦が釜山《プサン》の西にある鎮海《チネ》海軍基地に定期的に寄港している。ブッシュ大統領の声明は信用できるのか」

キノネス「なぜアメリカ大統領の公式の声明ではなく、韓国の雑誌の記事を信じるのか」

金桂寛「『マル』は韓国政府に弾圧された過去のある雑誌であり、信頼性がある」

キノネス「『マル』の記事は過去の史実に沿ったものだ。ブッシュ大統領が国連総会で演説して以降、原子力潜水艦は核兵器を搭載して鎮海海軍基地にはやってきていない」

金桂寛「根拠を述べてほしい」

キノネス「私はこの6月、横須賀で鎮海海軍基地からやってきた原子力潜水艦インディアナポリスに乗った。潜水艦の乗員は釜山でロシアの商船員とも夕食をともにした。ブッシュ大統領の演説は冷戦の終わりを強調する意図からのものだ。私はアメリカ政府の決まりによって、ある艦船にアメリカの核兵器が搭載されているともいないとも言えないが、少なくとも私は乗員がトマホーク・ミサイルの上でぐっすりと眠っているところを見た。核弾頭を載せたミサイルの上で乗員が安眠できるとあなたは思うか？」

キノネスは、このときのやりとりの記述を、以下のような文章で閉じている。

「『敵』との会食はスリルに満ちているが、未知の外交の分野に踏み出すというストレスと興奮で、私はすっかり疲れてしまった。その9月の出会いは、しかしながら、それから5年間にわたる多くの会合の第一歩に過ぎなかったのである」

＊——「米朝枠組み合意」（1994年）に至る経緯を記したケネス・キノネス著『北朝鮮——米国務省担当官の交渉秘録』（伊豆見元監修、中央公論新社刊）を要約引用。ただしカギ括弧内は逐語引用。

1――北朝鮮の核開発はこうして始まった

北朝鮮と核兵器の結びつきは、１９５０年から53年まで戦われた朝鮮戦争[*1]の休戦後すぐに始まっていた。冒頭で紹介したのは、90年代初頭、アメリカと北朝鮮の最初の接触の場面だが、その先の話をする前に、北朝鮮の核開発の歴史的背景を振り返っておこう。それを押さえておかないと、核開発にかける北朝鮮の執念も理解できないからだ。

異例の社会主義国・北朝鮮

北朝鮮は休戦後早くから核開発を意図していたとされる。

１９５６年、ソ連はそれまで単独で運営していた原子核研究所を模様替えし、当時の社会主義12カ国による合同原子核研究所を発足させたが、北朝鮮は当初からこのメンバーであり、研究員も派遣していた。

56年といえば、あのスターリン批判[*2]が行われた年である。数百万人が政治犯として強制収容所に送られ、１００万人近くが銃殺されたことを頂点とするスターリン独裁の実態が暴露されたことは、他の社会主義国にも動揺を与え、ソ連軍が大規模に出動して鎮圧することになるハンガリー動乱などにもつながっていった。

ソ連にとっては、社会主義国で唯一の核保有国であることが、他の社会主義国を支配することの保証でもあったのであり、合同研究所に衣替えしたからといって、他国に核開発を許すつもりはなかっただろう。しかし、核開発に他国を関与させることによって、揺らいでいた社会主義陣営の「団結」を誇示する意図があったのだと思われる。

一方、北朝鮮にとっては、他の社会主義国と比べても、核開発の優先度はかなり高かったはずである。なぜなら、ほとんどソ連の言いなりだった東欧社会主義国とは異なり、北朝鮮はソ連も戸惑うような特異な社会主義建設を進めていて、ソ連が庇護したいと思う優先度が低かった分、安全保障にも独自のものが求められたからである。

北朝鮮の社会主義が「特異」だといっても、当初めざしていたと思われるのは、いわばスターリン型の独裁国家であった。

金日成《キム・イルソン》は、56年までにも多くの政敵を粛清し、押しも押されもせぬ第一人者となっていったが、スターリン批判直後の6月から8月にかけて、党内に残っていたソ連派、中国派（延安《えんあん》派）なども排除し、個人独裁体制を確立するに至る。そのことによるソ連、中国との軋轢もあっただけに、安全保障面でも、ただただ中ソ両国に依存するわけにはいかなかったのである。

実際、1963年に米英ソによる部分的核実験禁止条約[*3]ができて、東欧社会主義国は諸手を挙げて賛成することになるが、北朝鮮はこれを中国とともに厳しく批判する態度をおおやけにする。ソ連の重要政策を批判するわけだから、当時の社会主義国としては異例とも言えるものだった。

この条約は、地下核実験は容認するが、大気圏における核実験を禁止することにより、すでに核開発が進んだ段階の国々だけが核兵器を独占することをねらったものだった。

中国にとっては、実際に進めていた自国の核開発に対する妨害と言えるものであったし(開発の初期の段階では大気圏での核実験を行わざるを得ない)、北朝鮮にとっても、当時は中国ほど核開発に現実味があったわけではないとはいえ、ゆくゆくは自国の核開発の障壁となって立ちはだかるであろうことを意識した批判であったのは疑いない。

主体思想と自主防衛を一体のものとして

こうして社会主義圏のなかで中ソ対立が表面化することになり、北朝鮮は中国派とみなされていくが、だからといって北朝鮮は、心までも中国派に属していたわけではない。

党内から中国派を排除したことは先述したが、1966年に開始された中国の文化大革命に対しても金日成は懐疑的な態度をとり、中国から「修正主義」として批判されることになる。

このころから北朝鮮は、いわゆる主体《チュチェ》思想を掲げて、独自の社会主義建設の道を公然と進むようになる。これは「思想における主体、政治における自主、経済における自立、国防における自衛」というもので、主体思想と自主防衛は一体のものとみなされていた。

70年代に入ると、北朝鮮がめざすのは、ソ連型・中国型の一党独裁でないだけでなく、スターリン型でさえもないことが明らかになる。

72年、北朝鮮では新たな憲法が発布され、主体思想が国家の指導原理とされた。続いて74年2月、金日成は息子の金正日《キム・ジョンイル》を後継者にすることを公式に決定したのである。他の社会主義国にも見られず、スターリンさえめざさなかった、いわば家族の世襲独裁体制だ。

さらに同年4月には、憲法や党規約より大事な「党の唯一思想体系確立の10大原則」[*4]なるものが発表され、「偉大な首領金日成同志の革命思想によって全社会を一色化するために身を捧げて闘うべきである」(第1条)などが社会の指導原理とされ、違反するものは処罰されることになっていく。

ソ連にせよ中国にせよ、こういう特異な国を防衛の対象とすることに、少しも違和感がなかったとはいえないだろう。しかし、当時の厳しい東西冷戦のなかでは、自分の勢力圏から一国でも離脱させるようなことは、なんとしても防がなくてはならなかった。

北朝鮮にしても、このような自立志向があったとはいえ、では自力で核兵器を開発できるかというと、当時、そのような能力はなかった。東西冷戦を前提にした安全保障戦略から抜け出る意思も持たなかった。いわばお釈迦様の手のひらでいきがってみた程度のことだったとも言える。だが、東西冷戦の終了が、その前提を変えてしまった。北朝鮮は、戦後長らくあたためてきた自主防衛の思想を、本気のものにする必要に迫られたのである。

2――第一次核危機と「米朝枠組み合意」

ソ連崩壊と核開発疑惑の浮上

1985年、北朝鮮は国内で原子炉を運用すべく、ソ連から援助を得るための協定を締結した。ソ連も参加していた核拡散防止条約(NPT)によれば、非核保有国が原子炉を保有する場合、使用済み核燃料が核兵器に転用されることを防ぐため、国際エネルギー機関(IAEA)の査察を受けることが義務とされる。北朝鮮はソ連の指示を受け、この年の12月にNpTに参加して、IAEAの監視下に置かれることになった。

ところが北朝鮮は、NpT参加後18カ月以内に締結することが求められる保障措置(非核の検証のための措置)協定に、期限が過ぎてもサインしようとしない。さらに18カ月の追加的猶予を与えられても、その期限(88年12月)までにサインしなかった。その上、署名する条件として、韓国からのアメリカの核兵器撤去を意味する「朝鮮半島の非核化」を求めてきたのである。

一方でこの時期、それまで北朝鮮を支えてきた社会主義体制の崩壊が始まる。ベルリンの壁が崩壊するのは翌89年11月のことだった。本家のソ連も、90年に韓国との間で国交を正常化して北朝鮮に政治的打撃を与えたかと思えば、その衝撃も冷めやらぬ91年、こんどはみずからが消滅してしまったのである。

原子炉の提供を約束してくれたソ連がなくなったわけだから、北朝鮮は混迷したことであろう。そのなかで北朝鮮が選択したのは、それ以前から秘密裏に進めていたとされるのだが、核兵器の原料を得やすい黒鉛炉による独自の核開発の道である。この時期、北朝鮮が核開発を進めているとの疑惑が浮上してきたのには、そういう背景があった。

それでも周辺国は、北朝鮮に安心を供与しようと、それなりに努力した。アメリカのブッシュ（父）大統領は、91年9月、海外に地上配備した戦術核を撤去することを発表したが、これは韓国からすべての核兵器を引き揚げることを意味していた。NPT署名の条件として北朝鮮が求めた朝鮮半島の非核化に応じる姿勢を見せたのだ。

これを受けて12月中旬、韓国の盧泰愚《ノ・テウ》大統領は、韓国に核兵器は存在しないと宣言する。さらに31日、板門店で開かれた核問題に関する南北首相会談連絡会議は、「朝鮮半島の非核化に関する共同宣言」に合意し、翌92年年2月、南北首相会談での確認によって発効することになる。

これこそ北朝鮮が求めてきたはずのものであった。この年の1月、それまで14年間続いてきた米韓合同演習（チームスピリット）の中止も発表され、それを受けるかたちで北朝鮮はようやく2月、IAEAとの保障措置協定に署名し、査察が開始されるのである。

第一次北朝鮮核危機

米朝の史上はじめての外交的な接触が開始されたのが、この92年の1月末であった。

ところが、同年5月から翌93年2月までの査察の結果、北朝鮮の申告内容との間で矛盾が生じることになった（本章冒頭のケネス・キノネスの回想はこの時期から始まっている）。

そこでIAEAは、申告にもとづいて行われる通常の査察に加えて、当時から疑惑が持たれており、現在は北朝鮮の中心的な核施設であることが明白となった寧辺《ニョンビョン》の施設に対する特別査察（申告に関わらず行う査察）を求めた。

しかし北朝鮮は、これを主権の侵害だとして断固拒否するとともに、93年3月8日には準戦時体制を布告し、12日には国連安保理に対してNPTからの脱退を通告するのである。第一次北朝鮮核危機の始まりであった。

国際社会は北朝鮮の挑発を許さなかった。5月に開かれた国連総会は、IAEAを支持し、北朝鮮にNPT復帰を求める決議を採択する。賛成140票に対して反対は北朝鮮自身の1票だけで、北朝鮮にとっては世界中が敵に回ったような衝撃的な結果だったであろう。

そのようななかで北朝鮮は、アメリカとの直接交渉を求め続けた。国連安保理もそれに期待した。

北朝鮮のNPT脱退を目前に控えて米朝交渉が開始され、難航の末、93年6月に共同声明が発表された。核兵器を含む武力による威嚇と行使をしないこと、相互の主権の尊重、非核化された朝鮮半島の平和と安全、朝鮮半島の平和的統一への支持などの原則で合意がなされたのである。

アメリカと北朝鮮が外交文書で合意したのは、これが史上はじめてであり、その後1994年に米朝が同意した「合意された枠組み（Agreed Framework）」（本書では「枠組み合意」と略記）につながる貴重な意義があった。

ところがその後、韓国を訪問したクリントン大統領が板門店で韓国防衛のメッセージを発したことに対して、北朝鮮から共同声明違反だとして抗議があり、米朝協議が暗礁に乗り上げることになる。

さらに重大だったのは、北朝鮮が査察の対象となる使用済み核燃料棒を取り出して再処理を行い、プルトニウムを抽出してしまったことである。これではその後に査察したとしても、その有効性は担保できないし、核兵器の製造にも直接につながっていく。

国連では北朝鮮に対する経済制裁の是非が議論されるようになり、北朝鮮は「制裁は宣戦布告とみなす」と反発して、再び緊張が高まることとなる。

当時、朝鮮半島の南北会談の平場において、北朝鮮代表が「ソウルは火の海になる」と脅迫的な発言をしたことは記憶に新しい。北朝鮮はそれまでの10年間、83年にはビルマ（現在のミャンマー）のラングーン（同ヤンゴン）で全斗煥《チョン・ドゥファン》大統領を標的とする襲撃で韓国の閣僚４名を含む21名を爆死させたラングーン事件[*5]（大統領は到着が遅れて命拾い）、87年には乗客・乗員１１５名全員が死亡した大韓航空機爆破事件[*6]を起こすなど、韓国を対象として大量殺害事件を実際に引き起こすことに躊躇していなかっただけに、ただの脅しとは思えなかった。

危機回避と「米朝枠組み合意」

アメリカのクリントン政権は北朝鮮の核施設に対する空爆を真剣に検討した。韓国からは、北朝鮮の体制変更までに至るアメリカの５段階の軍事作戦計画（５０２７計画）の存在さえ明らかにされた。戦争になれば１００万人の死者は避けられないとする米議会の報告書も出されるなど、緊迫した事態が続く。

そうなった場合、在日米軍基地が発進基地として使われるだけでなく、米本土から来援する膨大な部隊の後方基地になると予想されたので、米軍の基地使用にどう対応するのか、協力するにしても何ができるのかが日本でも激しく議論された。

結果的にその危機は回避されるのだが、それには二つのきっかけがあった。

一つは、韓国の金泳三《キム・ヨンサム》大統領が強行に反対したことである。100万人の死者が出るとされていたから、当事者である韓国の反対は当然であったろう。

もう一つは、アメリカのカーター元大統領の訪朝であった。94年6月に訪朝したカーター氏が金日成主席と会談し、核開発を凍結する北朝鮮の意思を確認して、ホワイトハウスに伝えたのである。

その後の何カ月かに及ぶ頻繁な米朝交渉を経て、10月に達成されたのが、「米朝枠組み合意」と呼ばれるものであった。92年以来の米朝交渉の到達があったから、なんとか合意にこぎつけることができたのだ。

「枠組み」とは、合意された外交文書としては珍しい言葉である。国語辞書でも「物事のあらまし」「大筋」「アウトライン」などの説明が並ぶ。定義が確定した条約のようなものではなく、解釈の余地のある言葉による政治的合意であり、要するに曖昧さを含むものであった。秘密の合意もあったとされる。

しかしそれでも、北朝鮮が核開発を凍結しNPTにとどまること、IAEAによる査察を受けること、保有する使用済み核燃料は完全に廃棄することなどを約束したことは大きな成果であった。

一方のアメリカが約束したのは、兵器級プルトニウムを生産しやすい黒鉛炉に代えて2基の軽水炉を提供すること、軽水炉が完成するまで毎年50万トンの重油を供与すること、核兵器を北朝鮮に対して使用せず、脅威も与えないこと（いわゆる体制保証）、双方が政治的・経済的関係を完全に正常化するために行動することなどであった。

新たな核開発疑惑

この合意を遂行するため、朝鮮半島エネルギー機構（ＫＥＤＯ）がつくられ、日本も費用を負担するかたちで軽水炉を北朝鮮に建設する事業が開始された。アメリカからは使用済み核燃料を８０００本のスチール缶に安全に詰め込むためのチームが北朝鮮に送られ、両国が緊密に連携した作業が行われることになる。

２０００年６月には、金大中《キム・デジュン》韓国大統領が訪朝し、金正日《キム・ジョンイル》書記と史上初の南北首脳会談が行われた。

02年9月には小泉純一郎首相（当時）が北朝鮮を訪問し、日朝平壌宣言[*7]が結ばれ、拉致問題の行方には見通せない要素を抱えつつも、両国が関係を正常化する道筋が示された。

あまり現実に変化が見られない「6・12」後の現在よりも、はるかに明るい未来を多くの人が思い描いていたと思う。

ところが、小泉訪朝の翌月の02年10月。訪朝したアメリカのケリー特使が新たな核開発疑惑を指摘すると、北朝鮮がそれを認めたのである。それまで北朝鮮が開発し、枠組み合意で凍結することになったのは、黒鉛炉から出るプルトニウムを使った核兵器であったが、それとは別に高濃縮ウランによる核開発を秘密裏に進めていたのだった。

「枠組み合意」の破綻

枠組み合意を維持するかどうかが大問題になった。紆余曲折の末に、北朝鮮はNPTからの脱退を再度宣言し、アメリカも94年から曲がりなりにも実施してきた重油の提供を停止し、枠組み合意は破綻してしまったのである。

その責任がどちらにあるのかをめぐっては議論がある。北朝鮮にも言い分があるのは確かだ。アメリカで01年に誕生したブッシュ（ジュニア）政権は、同年の「9・11」後、北朝鮮を「悪の枢軸」と呼び、敵意を隠さなかった。約束している重油の提供にも積極的でなかったとされる。

しかし、ブッシュ大統領がどんなに激しい言葉を使おうとも、またいわゆるネオコンが牛耳る政権が敵対的な態度を見せていても、現実の政治においては、アメリカが北朝鮮の体制変更にまで進む余地は存在しなかった。

ブッシュ大統領は、「9・11」後の01年10月から開始したアフガニスタンのタリバン政権に対する戦争に集中していたし、戦勝後も処理に手間取っていたからである。しかも、北朝鮮を相手にするどころか、03年から開始するイラク戦争の準備へと突き進んでいた。

そのなかで北朝鮮は、一方では枠組み合意の当事者としてふるまいつつ、他方では核開発の放棄という枠組み合意を踏みにじり、秘密裏に核開発を続行していたのである。いつかはアメリカに攻撃されるのではないかという恐怖は、それほど強いものだったということだろうか。

それなら、何を約束すれば北朝鮮は核開発を本当に放棄するのか、ということが国際社会には問われることになる。

3——第二次核危機と六カ国協議

枠組み合意の崩壊によって生まれた第二次核危機を調整する場となったのは、2003年から始まった、いわゆる六カ国協議である。アメリカ、北朝鮮に加え、日本、韓国、中国、ロシアが参加する協議である。

米朝二国間の取り組みでは破綻した現実があるし、アメリカにしても対テロ戦争で余裕がなく、一国では対応しきれないという判断があったとされる。

第一次核危機のころ、中国は1989年の天安門事件で国際社会の強い批判に直面し、改革開放政策の推進のためにも、外交面では「韜晦養晦《とうこうようかい》」（才能を隠して内に力を整えること）といって主導的な役割を果たさないという姿勢を貫いていたが、この六カ国協議では議長役を務めることとなり、北朝鮮の核問題を左右するプレイヤーとして存在意義を増すことになる。

六カ国協議におけるCVIDと体制保証の議論

2003年4月、アメリカと北朝鮮に中国を加えて三カ国協議が開始され、8月には、日本、韓国、ロシアも加わって第1回六カ国協議が開催される。

中国はここでの合意内容を拘束力のある共同声明にしようとしたが、北朝鮮の拒否により、議長の「総括」というかたちで公表した。それでも、朝鮮半島の核問題を平和的に解決する意思を確認しあい、今後の協議を継続することで合意したのは重要であった。

第2回協議は翌04年2月に開催され、作業部会の設置が決定された。同年6月には第3回協議が開催された。

これらの協議の過程でアメリカが主張したのが、現在進行中の米朝協議でも焦点になっている「完全で検証可能かつ後戻りのできない核放棄（ＣＶＩＤ：complete verifiable irreversible dismantlement)」である。

94年の米朝枠組み合意は、「朝鮮半島非核化に関する南北共同宣言の履行に向けた取り組みを一貫して行う」としつつも、何をもって非核化というのか、どうやってそれを達成し、結果を確かめるのか、再び核開発に乗り出さないことをどう担保するのかなどに曖昧な点があった。そこを曖昧にしたまま、両国がある約束を行動で果たしたら次の段階に進むという、いわゆる「行動対行動」の考え方で合意がつくられていた。

「行動対行動」は意味のある考え方ではあるが、米朝枠組み合意の崩壊に見られるように、相手側のある行動が達成されたかどうかについて解釈に幅が出ることは避けられず、十分な信頼関係がないもとでは、お互いが疑心暗鬼に陥りがちである。

だから、お互いが「行動対行動」を積み重ねたあとに完全な非核化に行き着くというやり方ではなく、完全な非核化の達成を見極めたのちに見返りを与えようというのが、六カ国協議に臨むアメリカの基本的な立場であった。

一方の北朝鮮は、枠組み合意の際と同じく「行動対行動」を主張する。「凍結」「放棄」をいくつかの段階にわけ、その各段階でアメリカからの見返りを求めてきた。これに対してアメリカも、北朝鮮が核放棄の意思を表明すれば安全保障上の考慮をすることを明確にするなど、当初の提案に固執することなく、どの段階で見返りを与えるのかの議論が進む。

このなかで大事なことは、いわゆる見返りとしての「体制保証」について議論が行われたことだ。朝鮮半島に詳しい政治学者の伊豆見元《いずみ・はじめ》氏によると、アメリカは北朝鮮に対して、「脅威を与える意図はなく、侵略あるいは攻撃する意図もなく、体制変更を求める意図もない」という三つのノーを表明したとされる（『中央公論』05年3月号）。米朝枠組み合意では核攻撃しないことは約束しても、それ以外に「体制保証」についての言及がなかったわけだが、これこそが北朝鮮の求めるものだという認識をアメリカは持ったのだろう。

しかし、第4回目の協議開始までは、その後、1年余を必要とした。アメリカが大統領選挙の時期に入り、ブッシュ大統領の再選がなるかどうかが六カ国協議の行方にも影響を与えると思われたからだろう。

しかも再選されたブッシュ大統領は、05年年頭の一般教書演説において、「われわれの最終目標は世界から圧政を消し去ること」だと表明する。パウエルに代わって国務長官に就任したライスは、上院の指名承認公聴会において、北朝鮮を攻撃する意図はないとは表明したが、北朝鮮がもっとも関心を寄せる体制保証には言及しなかった。

こうしたなかで北朝鮮は、同年2月の外務省声明において、ブッシュ大統領を批判しつつ、「自衛のために核兵器をつくった」と表明し、六カ国協議は無期限中断すると宣言したのである。

六カ国共同声明の合意

その後、中国を中心とした水面下の動きがあり、同年7月に第4回六カ国協議が開催された。そして、本国への持ち帰り相談期間も含む2カ月近くに及ぶ協議の結果、9月にはじめて「共同声明」が合意、公表されることになる。

声明はどんな内容だったのか。第1。声明は冒頭で、「平和的な方法による、朝鮮半島の検証可能な非核化」が目標であることを確認した。さらに北朝鮮が「すべての核兵器及び既存の核計画を放棄すること」、またNPTに復帰してIAEAの査察を受けることも明確にした。いわゆるCVIDであり、94年の米朝枠組み合意の水準を超えている。

第2。アメリカが北朝鮮に対して、「核兵器又は通常兵器による攻撃又は侵略を行う意図を有しない」ことを明言した。さらに、アメリカが「朝鮮半島において核兵器を有しないこと」だけではなく、韓国もまた「領域内において核兵器が存在しないこと」を確認した。さらに韓国は、今後も「核兵器を受領せず、かつ、配備しない」ことを約束した。

米朝枠組み合意は、アメリカが「核兵器の脅威とその使用がないよう北朝鮮に公式の保証を与える」としていたが、六カ国協議の共同声明では「通常兵器」でも攻撃しないことを明確にしたのである。

しかも、アメリカは核兵器を世界のどこに配備しているかを肯定も否定もしない政策をとっているが、北朝鮮との合意を達成するため、韓国だけは別格に扱った（ただし、これは北朝鮮の体制を打倒するための戦争はしないという点で「体制保証」に通じるものではあるが、枠組み合意と同じく「体制保証」という文言はないことに留意しておく必要がある）。

第3。共同声明は、非核化と体制保証以外でも、関係国が努力すべき内容として、次のようなことを明示した。

- アメリカと北朝鮮は国交を正常化するための措置をとること。
- 日本と北朝鮮は、平壌宣言に従って、不幸な過去を清算し、懸案事項を解決することを基礎として、国交を正常化するための措置をとること。
- 日本と北朝鮮は、エネルギー、貿易及び投資の分野における経済面の協力を、2国間または多数国間で推進すること。
- 日本と北朝鮮は、北東アジア地域における安全保障面の協力を促進するための方策について探求していくこと。

いずれも「体制保証」に通じる措置である（「体制保証」に伴う問題の根深さは次章で論じる）。

さらに、このような措置を、「『約束対約束、行動対行動』の原則に従って段階的に実施していく」とした。ＣＶＩＤの目標を明確にした上で、「行動対行動」のやり方をとることになったわけである。

偽ドル札問題に端を発した合意の破綻

ところが、この共同声明が合意された２００５年９月こそ、合意の崩壊が始まった時でもあった。そのきっかけとなったのは、合意内容とは関係のない問題であった。

アメリカ財務省は当時、偽ドル札がどこかで印刷され、世界的に流通しているという疑惑を追及していたのだが、この9月、対テロ特別法第３１１条にもとづき、マカオに本拠を置く銀行「バンコ・デルタ・アジア」（ＢＤＡ）を北朝鮮の資金洗浄の疑いがある金融機関として指定し、アメリカ企業に対してＢＤＡとの取引を禁止したのである。

アメリカとの取引ができなくなったＢＤＡは、問題となった北朝鮮関連52口座２５００万ドルを凍結することになる。さらにアメリカは10月、北朝鮮の企業8社に対して、大量破壊兵器拡散に関与したとして資産を凍結した。

北朝鮮はこれに猛反発する。そして、北朝鮮とアメリカの間で、六カ国協議の共同声明の遂行をめぐり激しい争いが生じたのである。

北朝鮮は、11月に開始された第5回協議の場で、制裁の解除を主張してアメリカとの首席代表級の交渉を求めたが、アメリカは理由説明のための接触に止《とど》めるとの意向を示す。これに対して北朝鮮は、「制裁が解除されない限り協議には応じない」として、六カ国協議は膠着状態に陥ることになったのである。

核・ミサイル実験と制裁をくり返す時代へ

第5回協議の休止中であった06年7月、北朝鮮は7発の弾道ミサイルを日本海に向けて発射した。北朝鮮はそれまでにも2度ミサイルを発射していたが（93年と98年）、国連安保理は非難決議を採択したことはなかった。だが、さすがに交渉中のこの出来事に各国は懸念を深め、史上初の非難決議を採択し、北朝鮮に対して協議への復帰を求めることになる。

さらに北朝鮮はこの年の10月、初の核実験を強行した。国連安保理は、強制措置を定めた国連憲章第7章第41条を引用して、北朝鮮に対する初の経済制裁を決定する。

そんななかでも、12月には第5回協議が再開され、翌07年3月には第六回協議が開始される。水面下でいろいろな交渉があったのだろう。

当時アメリカは、凍結されているＢＤＡの口座の資金返還問題で北朝鮮と合意したと発表した。一方の北朝鮮は、資金の返還を確認できないとして、首席代表会合への参加を拒否した。その結果、実質的な議論がされないまま、六カ国協議は休会に入る。議長の中国は、「実務的な理由」で資金の移管ができなかったことを休会の理由としてあげた。

以来、六カ国協議が再開されることはなかった。そしてその後の10年間、北朝鮮による核・ミサイル実験がくり返され、国連が制裁措置を強化するという時代に入っていくのである。

4――米朝両国の努力にもかかわらず

交渉当事者による記録からわかること

2018年6月12日。トランプ大統領と金正恩《キム・ジョンウン》委員長による米朝首脳会談は、歴史上はじめて、両国の首脳が会談し、合意を達成したところに大きな意味がある。

しかし内容的に見ると、今後、深められていく可能性はあるだろうが、よく言っても過去2回の合意と同程度のものであり、実際にはそれ以下にしかすぎない。

今回の合意で北朝鮮は、「朝鮮半島の完全な非核化に向けた断固とした揺るぎない決意」を明確にした。しかし、よく言われるように、六カ国協議が達成したCVIDにはほど遠い。

一方、今回の合意に関連して、よく「体制保証」という言葉が使われるが、文書でトランプ大統領が約束したのは「安全の保証（security guarantee）」である。過去2回の合意と同じく、北朝鮮を攻撃しないという程度のことであり、北朝鮮の「金正恩体制」の維持を保証するという約束には見えない。

つまり、内容的に新しさはないのである。今回の合意を評価するのは適切だと思うが、もしそこに止まり、過去の合意が破綻した原因を深く見きわめてそれを克服する手立てを講じないなら、同じことをくり返すことになりかねない。

過去の協議においては、アメリカも北朝鮮も、内部には合意をいやがる複雑な潮流があっただろうが、合意を達成するために真剣な努力を払った。その敬服すべき努力の内容と、それでも合意が破綻した理由を捉えることが、今回の合意を実らせることにつながるのではないだろうか。

六カ国協議がどんなものだったかについて、交渉当事者の記録はまだ公表されていない。18年の米朝首脳会談が行われるまで、六カ国協議はなお有効な交渉枠組みだと思われていたので、同時進行的に当事者が内容を公開することはできなかったのだろう。

一方、六カ国協議に先立つ米朝枠組み合意については、当事者による記録がある。この交渉をアメリカ国務省の実務者として担当したケネス・キノネスが、『北朝鮮——米国務省担当官の交渉秘録』（伊豆見元監修、中央公論新社。以下『北朝鮮』と略記する）という大部の著作で経過を述べているのである。

キノネスは、交渉直後に北朝鮮に赴いて使用済み核燃料棒を封印する作業に携わった経験についても、『北朝鮮II──核の秘密都市寧辺を往く』（伊豆見元監修、中央公論新社）で詳細に記述しており、合計で1000頁にも及ぶ貴重な記録を残してくれている。

ここでは、キノネスの上記2冊の著書のほかに、アメリカ側の首席代表を務めたロバート・ガルーチ（朝鮮半島核問題担当大使）の著作『*GOING CRITICAL: The First North Korean Nuclear Crisis*』（共著、Brookings Institution Press）、また直接の交渉当事者ではない著者による記録（たとえばドン・オーバードーファーの『二つのコリア──国際政治の中の朝鮮半島』菱木一美訳、共同通信社）なども併せながら、このときの経緯をまとめてみたい。

交渉は憎みあう時代に始まった

米朝交渉のための接触が開始されたころ、両国の関係は、現在と比べてきわめて貧弱なものだった。ゼロに等しいと言えようか。キノネスは次のように述べている。

朝鮮半島の核危機が始まったとき、唯一明確に示されていた（アメリカの──引用者）政策とは、米国外交官は北朝鮮の人間と話してはならないというものだった。米朝間には、対話の常設チャンネルもなければ、相互の信頼感も、共通の出会いの場も存在していなかった。彼らは私たちを憎み、私たちも彼らを憎悪していたのである。北朝鮮の人間と話したりすれば、米国政府と韓国政府の当局者の多くから、盟友を裏切り敵と手を組む輩だと見なされた。

（『北朝鮮』18～19ページ）

これは当然のことであったと思う。半世紀前に大規模な戦争を戦い、大量に殺し合い、その戦争状態を解消するための努力さえせずに、半世紀の間、お互いを敵としてののしり合ってきたのだから。アメリカにとって、ソ連や中国などは存在が大きいが故に、嫌でも関係を維持するという側面があったけれども、北朝鮮は相手にしなくても影響があるような存在ではなかったので、関係を断ったままでも問題にならなかったのだ（核開発が現実のものになるまでは）。

1982年になって国務省規則の一部が改正された。それでも、北朝鮮政府の代表が参加することが予想されるレセプションは、第三国が主催するものであれば、国務省の許可のもとで米国外交官が参加できるという程度のものだったという。

88年には新しい規則がつくられたが、国際会議の場で、北朝鮮が微笑んでくればこちらも微笑みを返してもかまわないというものでしかなかった。

そういう状態であったから、92年はじめに米朝の外交的な接触が開始されたとき、アメリカ政府部内でも北朝鮮に対する見方は根本的に分かれていた。キノネスによると、みずからが所属する国務省北東アジア課は、北朝鮮指導部も話せばわかる相手であり、声高に非難するより静かな外交が望ましく、対話と外交を通じて北東アジアの平和を維持しようというものであったそうだ。しかし、中央情報局（ＣＩＡ）の見方は、「北朝鮮は、数十年一律の時代後れの政策を転換するように見せかけながら、陰では大量破壊兵器を開発し、ある日、純真な世界の上空で爆発させるという、ひねくれた裏表ある政策を追求している」というものであった。

しかも、どちらも現実を知らなかった。ＣＩＡのような強硬派は、威嚇を続けていれば北朝鮮はやがて屈服すると考えていたが、他方の穏健派も、北朝鮮は金日成が全権を握っているのだから、それにつながるルートさえ見つければ問題は解決すると考えていた。北朝鮮の意思決定システムを具体的に知らない点では同じようなものであったというわけである。

交渉は相手を理解することから始まった

交渉が開始されても、事情はすぐには変わらない。北朝鮮の代表を相手に仕事をした経験がある人なら理解できるだろうが、北朝鮮はまず公式的な発言しかしない。

米朝交渉でなくても、金日成はどんなに偉大で、アメリカ帝国主義はどんなに卑劣かという発言が最初に延々と出てくる。相手の言うことに耳を傾け、理解し、合意に至ろうとしているようには見えないのである。

米朝交渉も最初はそういうものでしかなかった。ただ、キノネスは、北朝鮮だけが問題なのではなく、アメリカも同じ問題を抱えていたことを指摘する。公式的な発言の次にどう進むのかを双方がわかっていなかったのだ。

（米朝高官協議第2ラウンドが――引用者による補足）結論に至らず終わった原因は、米朝双方の公式的な立場の違いによるものではなく、協議に臨む双方に存在した文化的、政治的な軛《くびき》にあった。簡単に言えば、あまりにも相手のことに無知であり、不信感と敵意を抱いていただけだったからである。

（『北朝鮮』160ページ）

米国の北朝鮮専門家たちには、似通った弱点があった。専門家の多くは、南北を問わず朝鮮半島に住んだこともなければ、そこで勤務したこともなく、朝鮮半島の人間と一緒に暮らしたことも働いたこともなかった。言葉も話せず、その歴史や文化については、おざなりの知識を持っているに過ぎなかった。

（『北朝鮮』163ページ）

したがって、米朝交渉は、お互いの文化をまず理解し合うことから開始されたようである。それは初歩的なことであった。

たとえば北朝鮮は、水面下の接触において、交渉を担うアメリカ代表団に統合参謀本部の代表が加わっていることへの不信感を表明した。カニは甲羅に似せて穴を掘るというたとえがあるが、北朝鮮は自国が「先軍政治」を標榜しているから、アメリカ代表団の構成を見て、軍事目的を優先させる狙いがあると感じたのであろう。それに対してアメリカ側は、政治が軍に優先するシビリアン・コントロールが確立していることをていねいに説明していった。

あるいは逆に、アメリカ側は当初、北朝鮮側がアメリカによる核攻撃を真剣に恐れていることを理解していなかった。ようやくそこを理解できたが故に、NPTの義務を履行している国に対して核兵器による先制攻撃を行わないことを約束し、納得してもらうことが大事だという認識に到達したりもした。

他方、北朝鮮に対してそういう約束をすると、アメリカ政府部内で不満が表面化することもあった。北朝鮮の主権を尊重するなど北朝鮮への寝返りだ、などといった批判が出てくる。それに対しては、主権の尊重も武力行使をしないという約束も、国連憲章の文面をそのまま引用しているに過ぎない、と説明したりする必要が出てくる。

米朝高官協議第1ラウンド終了に際して合意された史上はじめての米朝「共同声明」(93年6月)は、このような努力の産物であった。頭が下がる思いがする。

現在につながる提案は北朝鮮からもたらされた

93年7月、この共同声明を具体化するために、米朝高官協議の第2ラウンドが開始された。何の合意に達することもなく、短時日で終了することになるのだが、それは北朝鮮側の提案をアメリカ側が受け入れられなかったためである。黒鉛炉2基を廃止する代わりに、軽水炉2基を提供してほしいという提案であった。

現在のわれわれは、軽水炉2基を提供するということが94年の枠組み合意に盛り込まれていることを知っているから、これに驚くことはない。核物質を製造しやすい黒鉛炉に代えて、製造しにくい軽水炉の提供を決めたのだと、いまなら理解できる。しかし、93年の時点でのアメリカにとって、これは驚愕の提案だった。キノネスは語る。

保障措置協定の義務（査察のこと＝引用者注）履行を拒否しておきながら、一基あたり何十億ドルもするような軽水炉を一基ならず二基も要求するというのか。姜錫柱《カン・ソクジュ》の提案を耳にしたとき、米国代表団は、最初は笑い、ご冗談をと言い合った。大笑いの気分にしてくれたのである。だが同時に、激しい緊張も感じた。こんな馬鹿げたアイデアを、どうやってワシントンに報告できるのか。間違いなく、あざ笑われ、一笑に付されるのがおちだ。我々は憂鬱になった。……我々のこのような懸念は、後から振り返ってみると、理屈に合わないように思える。しかし当時は、難解で克服不可能な問題に感じられた。（『北朝鮮』209ページ）

この軽水炉提供を含め、問題を一括して解決しようとする提案も、実は北朝鮮側からもたらされたものであった。高官協議第3ラウンドのメドもつかなかった93年10月、アメリカの下院議員に同行して訪朝したキノネスに対して、北朝鮮側は、金日成も了解しているという秘密文書を渡す。そこに書かれていたのは、現在のわれわれが「枠組み合意」として知る要素をすべて網羅する内容であった。

いわく。北朝鮮はIAEAの査察を受け入れるという決定を可能な限り速やかに宣言すること。アメリカは核兵器を含む武力を使用せず、その威嚇もしないという法的拘束力のある確約を含む平和協定を締結すること。さらに核問題の最終的な解決のために軽水炉を提供すること。主権と内政不干渉を確約するため、完全な外交関係の正常化を達成すること。これらを一括して合意し、遂行しようということものである。

「行動対行動」という考え方

これを基礎に接触がくり返され、そのなかで、現在にも通じる「行動対行動」という考え方が生まれる。キノネスは言う。

接触を通じて我々は、ソウルとワシントンが長らく平壌との取引の基本戦略としてきた、「前提条件」という概念を棚上げすることに同意した。この言葉を聞くたびに、許鐘《ホ・ジョン》（北朝鮮の国連大使＝引用者注）は身もだえした。最後に彼は、「前提条件」という言葉が再び発せされることに、平壌はもはや耐え切れない、と宣言した。我々の側の論法は、常に、「北朝鮮側がAを行った時、米国はBを行うだろう」というものだった。そこで我々はニューヨークで、「同時的な」措置という概念を採用した。双方が取る措置は、それぞれ同等の重要性を持ち、同時に実行される、という意味だった。かくして我々は、「Aがこれこれを行う時、Bもこれこれを行う」という言い方で話をし始めた。

これは、言葉じりをこね回すだけの遊びではなかった。強烈な相互不信を克服するため、双方とも苦闘していた。そして、このやり方は、直ちに成果を生んだ。この新しいやり方は、両国が同等の不信感を相手に対して抱いていることを、ワシントンがついに認めたことの証拠だと、明らかに平壌は信じたようだった。かくして平壌は、お互いが相手に与えた誓約の実現に同時に動きさえすれば、その相互不信は克服できるのではないか、と見るようになった。

（『北朝鮮』284～85ページ）

こうした達成にもかかわらず、その後の行き違いのなかで、あの「火の海」発言（94年3月）に通じる危機が生み出されるのである。枠組み合意が実現するには、カーター元大統領という、誰もが多少の不満を抑《おさ》えてでも納得できる「大物」の登場が必要だった。しかしカーターの達成も、それまで2年間ほどの米朝両国外交関係者による血のにじむような努力があったればこそであった。

善意や努力だけでは克服できない

さて、18年の「6・12」米朝首脳合意である。北朝鮮は自国の「体制保証」を望み、アメリカなど国際社会は北朝鮮の「非核化」を期待する。その両方をお互いが約束しあい、誠実に履行していけば、間違いなく二つの目標は達成される。今回の米朝合意に希望を託している人の多くは、そのように考えているだろう。

しかし、同じ目標を追求した枠組み合意は崩壊した。それをさらに発展させ、CVIDと「行動対行動」を組み合わせた六カ国協議の合意も崩壊した。

94年の枠組み合意が破綻したとき、筆者は、その原因がアメリカにあるとか、いややはり北朝鮮が悪いとか、そういうレベルでしか捉えられなかった。しかし、六カ国協議の合意も破綻したことで、問題はそれほど単純ではないと考えるに至った。

なぜなら、いま紹介したように、94年の枠組み合意というのは、アメリカと北朝鮮の本当に真剣な努力の産物なのである。六カ国協議の経緯はまだ明らかになっていないことが多いけれども、新しく加わった中国が大国としてのメンツをかけて推進してきたものである。それなのに二つともが破綻したのである。

そこで筆者はようやく、両国の努力や善意があっても破綻せざるを得ないような構造的な問題があると考えるようになった。それが「体制保証」と「非核化」のジレンマである。「非核化」と「体制保証」をバーターするという考え方そのもののなかに、何らかのジレンマが存在するからではないのだろうか。

それならば、そのジレンマの奥底を探ることなしに、ジレンマを断ち切る道も見えてこないのではないだろうか。

第2章

「非核化」と「体制保証」は両立できるのか

ジレンマの連鎖

シンガポール――2018年6月12日

シンガポールのセントーサ島にあるカペラ・ホテル。

金正恩《キム・ジョンウン》「2017年7月7日に国連会議で核兵器禁止条約が採択された。わが国は、16年10月の国連総会第一委員会で、この条約交渉を開始するという決議に賛成した。アメリカの核兵器が禁止対象になれば、北朝鮮の安全にとっても大事だからだ。ところがアメリカは条約交渉に参加せず、条約にも反対した。これでは北朝鮮の安全は保証されない」

ドナルド・トランプ「核兵器の抑止力はアメリカの安全にとって不可欠だ。それを損なうような条約にわが国が反対するのは当然だ」

金正恩「抑止力がアメリカにとって不可欠なら、北朝鮮にとっても不可欠だ。なぜ北朝鮮は貴国と同様、核兵器を保有することが許されないのか」

トランプ「北朝鮮の核保有は周辺国を脅かしている。韓国も日本も脅威を感じている。アメリカの核兵器はあくまでアメリカと同盟国の防衛のためのものだ」

金正恩「北朝鮮の核兵器も自衛が目的だ」
トランプ「北朝鮮が核兵器を保有するならば、自衛どころか体制の崩壊につながるぞ。それはオレが保証する。核兵器をなくすことだけが北朝鮮が生き残る道だ」
金正恩「国によって核兵器が持てるかどうか違ってくるなんて、差別ではないか。どの国も平等だというのが国連憲章の理念だったはずだ」
トランプ「アンタ、青いなあ。それはタテマエだろ、現実を見ろよ。仮にも一国を背負っているんだから」

「6・12」の場でトランプと金正恩の間でどんなやりとりがあったのか、詳細は明らかにされていない。いま書いたようなやりとりは筆者の推測にすぎないが、金正恩とトランプの本音はこんなものではなかっただろうか。

核兵器が自衛のために必要だと思いながら廃棄を約束する北朝鮮にはジレンマがあるが、自衛のために必要だと言い張りながら北朝鮮に廃棄を迫るアメリカにもジレンマがある。それ以外の六カ国協議に参加する中国、韓国、日本、ロシアも核兵器禁止条約に反対した。会談の会場を提供したシンガポールも、東南アジア諸国連合（ＡＳＥＡＮ）のなかで条約に棄権した唯一の国である。

北朝鮮の「非核化」と「体制保証」という二つの目標それぞれのなかに、実はジレンマが存在する。しかも、その二つの関係のなかにも、なかなか克服できないジレンマが存在する。そうやってジレンマが連鎖しているところに、この問題の複雑さがある。

1——北朝鮮の非核化に潜むジレンマ

核兵器は必要という考えは変わっていない

北朝鮮は戦後長い間、核兵器を保有することこそ自国の体制を保証するものだと考え、核開発に邁進してきた。そして実際に核兵器を保有するに至った。

過去2回の合意も現在の米朝合意も、基本的な構造は同じである。北朝鮮の体制を保証するから核兵器を放棄せよというものであって、いわばバーターである。政治の世界では、こういう取引は通常のことであろう。トランプ大統領は取引の名手といわれるから、面目躍如というところだったかもしれない。

しかし、このバーターの問題点は、核兵器に関する北朝鮮の思想を変えてはいないところにある。あれほど核兵器の完成こそが自国の安全にとって不可欠だと強調してきた北朝鮮だが、その思想は変わっていないのだ。

誤解している人はいないと思うが、トランプ大統領の働きかけを受け、金正恩委員長が突如、「核兵器のない世界はすばらしい」とか「核兵器がないほうが北朝鮮は平和になる」と考えるような平和主義者に転換したわけではない。米朝首脳会談の合意後、多少なりとも変化した安全保障観が、北朝鮮当局者の誰一人からも発せられたことはないのである。

そんなことは当たり前だと思われるかもしれない。けれども、核兵器に対する思想を変えた国々、指導者はたくさん存在する。2017年7月7日、国連会議で核兵器禁止条約[*1]が採択されたが、世界193カ国中122カ国が賛成した。これも、核兵器に対する思想を変えた国が生まれたことが、その原動力となった。

核の非人道性を理解していない

核兵器禁止条約を生んだ原動力の一つは、核兵器の使用が人道に反するという思想であった。広島、長崎の被爆の実相を知る日本国民にとっては意外かもしれないが、世界的にはそのような思想は広がりを欠いていたのである。

そこに変化があったのが2012年。オーストリア、ノルウェー、スイスなど16カ国による共同声明の発表である。「核兵器使用の非人道性」を前面に打ち出し、その全面廃絶を訴えるというものであった。

それを受けて翌13年、世界ではじめての「核兵器の非人道性に関する国際会議」がオスロで開催され、14年には第2回（メキシコのナジャリット）、第3回（ウィーン）と続く。その成果は、「オーストリアの誓約」と呼ばれる文書となり（のちに「人道の誓約」と呼び名が変わる）、120カ国の賛同を得て15年のNPT再検討会議に提出されるのである。

会議では、オーストリアなどが各国に対して「核兵器の非人道性を認めるか」と迫り、「それなら核兵器を法的に禁止することも認めるか」と言って、署名させていく。会議の最後では、オーストリアの大使が、署名した国の名前を一つずつ読み上げていくというシーンが見られた。

これはいわば、人道主義、平和主義にもとづく核廃絶の思想である。現在、「人道の誓約」に署名した国は126カ国に達している。しかし、北朝鮮はこのなかに含まれていない。世界の多くの国が核兵器使用のもたらす非人道性を自覚し、だからこそ「核廃絶を」と思想的な転換を成し遂げたのに、北朝鮮はそこに到達していないのである。

北朝鮮には、日本に原爆が落とされたときに広島、長崎に在住していた方もいるはずであり、核兵器の非人道性の思想に接近する可能性はあるのに、その道を進もうとはしていない。アメリカとの間で非核化を約束したといっても、別の理由からなのである。

核兵器なき世界をめざす国々があるなかで

核兵器の非人道性を認めるだけでなく、核兵器による安全保障という思想そのものを転換した国もある。新アジェンダ連合と呼ばれた7カ国（ブラジル、エジプト、アイルランド、メキシコ、ニュージーランド、南アフリカ、スウェーデン）などに代表される。

本書でたびたび登場する核不拡散条約（NPT）であるが、その中心的な内容の一つは、核兵器の保有を認める国を限定することにある。アメリカ、ロシア、イギリス、フランス、中国の5カ国である。そして、それ以外の国に対する拡散をしないように定めるのである。同時に、そのような差別的な内容だけでは世界を納得させることができないため、核保有5カ国に対しては核軍縮の義務を課している（第6条）。

しかし、核軍縮は遅々として進まない。それに業を煮やした7カ国は、1998年6月、ストックホルムで「核兵器のない世界へ——新たな課題（新アジェンダ）の必要性」という共同宣言を発表し、行動を開始した（これが新アジェンダ連合と呼ばれた理由である）。5カ国と、核保有が疑われているインド、パキスタン、イスラエルの3カ国に対して、「それぞれの核兵器および核兵器製造能力廃絶を明確に約束し、その実現に必要な具体的な段階と交渉についてただちに取りかかる」よう強く要求したのである。

新アジェンダ連合は、その年から、「核兵器廃絶を明確に約束せよ」という内容の決議案を国連総会に提出し、核保有国に圧力をかけ始める。それが実を結んだのが、2000年のNPT再検討会合であった。

NPTは、核保有を認める国と認めない国を差別するという点で、主権の平等という国際政治の原則（建前）に反するが故に、永続的な運用を想定していなかった。1995年までしか効力がないという、期限を切った条約だったのである。

しかしその期限が来る最後の年、無期限延長が決められた。差別を永久化することになりかねない内容だけに、非核保有国を説得することを目的として、5年毎に条約の内容を再検討するための会合を開催することとされ、その最初の会合が2000年に開かれた。そこでの激しい議論の末、「自国核兵器の完全廃絶を達成するというすべての核保有国の明確な約束」を明記した最終文書が採択されることになったのである。

バーターによる非核化の決断にとどまっている

なぜそういう約束が達成されたのか。なぜ新アジェンダ連合が、その中心的な役割を担うことになったのか。

その理由の一つは、新アジェンダ連合の加盟7カ国のうちのいくつかが、かつて核兵器を保有していたり、核開発を進めていたが、それを断念したという実績があるからであった。核保有の能力がありながら、核兵器が自国の安全を保障するという抑止力幻想と手を切った国が参加したことにより、国際社会に核廃絶を訴える道義を獲得したということである。

南アフリカは、詳細は不明だが、１９８９年までに６発の核兵器を製造したといわれる。しかし、自国にとっての脅威とみなしていたアンゴラ内戦からキューバ軍が撤退し、ナミビアの独立問題も決着することにより、安全保障環境が変化したとして核兵器の廃棄を決断したといわれる。91年にＮＰＴ条約に加盟し、93年に核保有と廃棄に至る事実を公表することになった。

スウェーデンも、ソ連の脅威を前にして、かつＮＡＴＯ（北大西洋条約機構）加盟国ではないことから独自の安全保障政策を進めることが必要とされ、その一環として核兵器開発を進めた。ソ連軍が自国に接近した際に使用する戦術核兵器に限ったもので、国立防衛研究所が開発を担ったという。しかし、60年代になって米ソの宥和政策がとられたこと、国内で反核運動が高揚したことなどを背景に、政府は核開発をやめることを決断し、その担保として核保有につながりにくい軽水炉への転換を決断するとともに、68年、ＮＰＴに参加することになった。

あまり知られていないが、ブラジルも軍事政権の時期、アルゼンチンとの対立から核開発計画を進めたことがある。しかし、98年に核開発の放棄を宣言し、ＮＰＴに参加することになった。

核兵器を持った国がみずからの意思で一方的に手放すことはないとよく言われる。確かに簡単なことではないだろう。しかし、いま紹介したように、過去にそういう事例は存在したし、北朝鮮はその道を選択することもできたのだ。

けれども、北朝鮮は、核兵器が自国の安全にとって不可欠だという考え方は変えないままで、アメリカとのバーターによって放棄を約束したにとどまっているわけである。

核戦略の中心人物も核廃絶を唱える時代だが

核保有国のなかにも、しかも政権を支える人びとのなかにも、核抑止力を否定し、核兵器のない安全保障を唱える潮流が生まれている。

それを最初に提起したのは、なんとヘンリー・キッシンジャーであった。ニクソン政権、フォード政権で国務長官を務めた大物である。

キッシンジャーは、アメリカの核戦略の中枢にいた他の3人の重鎮とともに『ウォール・ストリート・ジャーナル』に2回にわたって声明を出し（07年1月、08年1月）、「核兵器のない世界」を呼びかけた。

他の3人とは、ジョージ・シュルツ（レーガン政権時の国務長官）、ウィリアム・ペリー（クリントン政権時の国防長官）、サム・ナン（元上院軍事委員会委員長）であった。しかも当時、これに対して、存命中の国務長官、国防長官経験者の9割から賛同が寄せられたのである。

この声明は要するに、9・11同時多発テロを受け、テロリストの手に核兵器が落ちる危険をふまえ、それぐらいなら核兵器を廃絶したほうが安全だという立場のものであった。核兵器製造のノウハウが急速に拡散することが確実視されるなかで、テロリストが核兵器を手に入れることが現実のものとなろうとしており、そういう時代には抑止力は効かないという認識に到達したのである。

これはオバマ大統領の「核兵器のない世界」というプラハ演説（09年）につながっていく認識であった。アメリカの為政者までがそう考えているということが、核兵器禁止条約への動きを勇気づけたことは疑いない。

これは、まだ核保有国の主流の思想になっていないし、かつ「思想」というより「打算」と名づけたほうがいいものかもしれない。力による安全保障を放棄するところに踏み込んではいない。というより、世界を支配し続けるには核が重荷になるという程度のものだ。

核兵器に対する思想も変わらないまま

しかし、北朝鮮はそこにさえ到達していない。自国の安全保障のために核廃棄は不可欠だという思想にとどまったまま、アメリカとの取引で体制保証のために非核化を約束しているにすぎないのだ。

安全のために核兵器が必要という思想が変わらないなら、体制の安全が保証されないと感じた場合、いつ約束を反故《ほご》にする方向に動いてもおかしくない。思想が変わらないままでは、非核化のジレンマを抱え込んだ状態は変わらないということである。過去2回の合意の破綻はそのようなものであった。

しかも、北朝鮮が交渉の相手としているのは、トランプ政権下のアメリカである。オバマ政権において、核兵器に対する思想に多少の変化が芽生えたように見えたアメリカだが、トランプ政権では完全に過去に後戻りした。

使える核兵器を開発することがトランプ政権のめざすところである。キッシンジャーのように覇権を維持するために核が邪魔になるという考えさえも持つことができず、ただただ強大な核兵器開発に邁進しているように思える。

そんなトランプ政権といくら交渉しても、北朝鮮には平和のために核兵器を放棄するという思想は生まれてこない。それどころか、交渉すればするほど、体制保証のために核兵器は必要だという確信が強まるのは避けられないのに、体制保証のためには核兵器を放棄しなければならないというジレンマが深まっていくのである。

そこからどう抜け出していくのか。たやすいことではなかろう。しかし、キッシンジャーが変化したという事実は、核保有国であってもそこまで到達し、核放棄に賛成する可能性があることをわずかなりとも感じさせるものではあった。国家が武力一般を放棄するのは永遠に無理かもしれないが、核兵器の放棄だけは、条件次第で実現するかもしれないと思わせたのである。北朝鮮の体制が変わらないままで、したがって「平和国家」になっていなくても、その非核化が可能かもしれないという実例が、ここには存在する。

2──「体制保証」それ自体のジレンマ

「体制保証」という問題も難しい。そもそも体制の保証とは何かということが定かでないが故に、なおさら難しい。

武力攻撃しないことが体制保証なのか

2003年のイラク戦争にアメリカのブッシュ大統領が突っ込んで行くとき、「体制転換(regime change)」という言葉がよく使われた。フセイン政権の打倒をめざす目標を示す言葉であった。民主主義国でよく使われる「政権交代」を言いあらわす言葉でもある。

一方、六カ国協議の過程で、アメリカ側が北朝鮮に対して「三つのノー」を約束したが、その一つが「体制転換へのノー」であったことはすでに紹介した（37ページ参照）。2018年の「6・12」に向かう北朝鮮との交渉過程においても、ティラーソン国務長官（当時）は、「米国は北朝鮮の体制転換は求めていない」と語った。イラクの場合とは異なる対応をする、ということだったのであろう。

これが金正恩政権を武力で打倒するようなことはしないという意味なら、それは常識に属することである。

そもそも、国連憲章は、「人民の同権（同じ権利をもつ）及び自決の原則の尊重に基礎をおく諸国間の友好関係を発展させること」（第1条2）として、各国は自国の運命を「自決」する（自分で決める）ことを定めている。さらに、「すべての加盟国は、その国際関係において、武力による威嚇又は武力の行使を、いかなる国の領土保全又は政治的独立に対するものも、また、国際連合の目的と両立しない他のいかなる方法によるものも慎まなければならない」（第2条4）として、武力で他国の体制を打倒することを許していない。だから、イラク戦争は国連憲章に違反する戦争だったのだ。

では、過去2回の合意では、体制保証問題はどう扱われてきたのか。すでに論じたことだが、これも常識的なものであった。

94年の枠組み合意は、「米国による核兵器の脅威とその使用がないよう、米国は北朝鮮に公式の保証を与える」とした。体制保証の概念を少し広げて、両国の関係を正常化させるとして、「それぞれの首都に連絡事務所を開設する」ことや、「両国間関係を大使級の関係に進展させる」ことも決めた。これも常識の範囲内であろう。

北朝鮮に原発（軽水炉）を提供するのは異例なことではあるが、原発の輸出はいまでも普通に行われていることだし、北朝鮮も費用は支払うと言明していたのだから、核兵器製造につながる黒鉛炉の代替措置として考えれば、常識を超えるとまでは言えないだろうと思う。

六カ国協議の共同声明はどうか。

まず、「米国は、朝鮮半島において核兵器を有しないこと、及び、朝鮮民主主義人民共和国に対して核兵器又は通常兵器による攻撃又は侵略を行う意図を有しないことを確認した」とある。核兵器だけではなく、通常兵器による攻撃、侵略をしないことをも約束した点では枠組み合意をさらに進めたものではあるが、武力による威嚇と攻撃を禁止した国連憲章の枠を出るものではない。

ただ、朝鮮半島に核兵器を配備しないと明確にしたことは、核兵器の存在を否定も肯定もしないというアメリカの基本政策に例外を設けるものであって、大幅な譲歩と言えるであろう。

その他の点では、枠組み合意以上に常識的である。「相互の主権を尊重すること、平和的に共存すること、及び二国間関係に関するそれぞれの政策に従って国交を正常化するための措置をとること」、「貿易及び投資の分野における経済面の協力を、二国間又は多数国間で推進すること」、「朝鮮半島における恒久的な平和体制について協議すること」等々、抽象的な約束が並ぶだけである。

体制保証は金一族による支配の保証に他ならない

「6・12」の合意も、「体制保証」を約束したものであるとよく言われる。しかし、実際の文面を見れば、合意されたのは、既述のように北朝鮮の「安全の保障（security guarantee）」だ。過去の合意と変わらないのである。

それなのになぜ「体制保証」がいつも問題になるのだろうか。こんな程度のことを約束しただけで北朝鮮が非核化の道を進むなら、どんどん体制保証を約束すればいいではないか。

しかし、現実に北朝鮮が求める体制保証は、おそらくこんなものではない。その片鱗が垣間見えたのが、六カ国協議の共同声明が破綻していく過程であった。

六カ国協議が破綻した原因について、責任をどこか特定の国に帰することはできない。ブッシュ政権が北朝鮮を「悪の枢軸」として敵視したり、別の「悪の枢軸」であるイラクのフセイン政権を戦争で打倒したことが原因だと言う人もいる。けれども、六カ国協議はそのブッシュ発言が報じられる過程でも続けられ、共同声明で合意したのはイラク戦争が終わった2005

年のことであった。

そして、その合意が達成された直後、北朝鮮が「これでは六カ国協議の再開に応じられない」と言い出した直接の原因は、アメリカが合意のいずれかの条項に反していたことではない。原因は、第1章で紹介したように、アメリカ政府が、マカオの特定の銀行が北朝鮮による偽ドル札疑惑の資金洗浄に使われている疑いがあるとして、アメリカの企業がその銀行と取引することを禁止し、その制裁から逃れるために、マカオの銀行が北朝鮮関連口座を凍結したことであった。

なぜそれが、六カ国協議に応じない理由になるのか。

制裁されたら協議に応じないというのでは、つねに制裁を乱発するアメリカとつきあっていくことはできない。それよりも何よりも、制裁が問題だというなら、協議の場に出てきて議論するのが常識というものであろう。

それなのに、北朝鮮がそれほどまでの問題にしたのは、凍結された52口座（2500万ドル）が、金一族の資金源だったからだ。そう言うと、金正恩の好物とされるスイス製高級チーズなど、一族の贅沢三昧の暮らしのための資金かと思われるかもしれないが（それも含まれるだろうが）、それだけではない。こうやって得られた資金は、金一族が自由に使えるということもあって、金一族による支配を支える中枢の人びとに潤沢に配られ、その体制を維持する役割を果たしているのである。

つまり、北朝鮮が求める体制保証とは、金一族による支配を保証してくれということなのだ。武力で攻撃するなとか、両国関係を正常化しようとか、そういう程度のものではないということである。

体制保証は内政干渉

そうなってくると、体制保証もまた、ジレンマの領域に入っていく。

体制を武力で転覆しないと約束することは、各国の主権を尊重するという国家間の原則に合致した行為だろう。しかし、ある特定の体制の維持を約束するのは、果たして主権を尊重する行為なのかということである。

言うまでもなく、各国が誰を指導者に選ぶかは、各国が独自に決めることである。他国が強制できるものではない。それは同時に、「この国の指導者はこの人でなければならない」とか、「この国の体制は共和制でなければならない」（ちなみに北朝鮮も「共和国」を名乗っている）というようなことも、他国が強要できるものではないことを意味している。

つまり、北朝鮮に即して言うと、北朝鮮が金正恩を指導者としていることについて、その首をすげかえろなどと、まわりの国がとやかく言うのはおかしい。けれども、それと同じように、金一族の支配を維持するために各国が介入するというのも、やはりやってはいけないことだ。内政干渉になるのだ。

北朝鮮の現状からは想像しにくいが、たとえばこれまでの金一族の支配に対する不満が表面化し、北朝鮮の人びとが政権打倒の闘いを盛り上げ、現実のものになる局面が訪れたとする。そのときに、まわりの国はそれでも「体制保証」をすべきなのだろうか。そうではなくて、どんな体制を選ぶかは、北朝鮮の人びとに任せるべきではないだろうか。

各国の主権を尊重するという原則は、その国のなかでその国の人びとが自由に政治制度を選ぶということも含めて、断固として守るべき原則なのである。

経済援助が金一族のために使われる

そんな遠い先の話をしても仕方がないと思う人もいるかもしれない。しかし、この問題は、米朝合意が進展し、北朝鮮に対する制裁が緩和されれば、すぐに浮上してくる問題である。

１９９０年代の「苦難の行軍」を覚えている人はいるだろうか。北朝鮮で飢餓が進行し、１００万人単位の人びとが死んでいった時代のことである。日本にとって北朝鮮は良い意味でも悪い意味でも身近な存在であったが、「苦難の行軍」は、朝鮮戦争後はじめて世界が北朝鮮問題を意識したきっかけでもあった。

当時、国連世界食糧計画（ＷＦＰ）や民間のＮＧＯなどが、北朝鮮の人びとを飢餓から救うため、援助物資を持って北朝鮮にかけつけた。その援助団体をずっと悩ませたのは、飢餓に苦しんでいる人びとに食糧が届かないという問題であった。

もっとも飢饉が深刻な地域は、強制収容所が多かったり差別されたりする人びとが追いやられた地域と重なっていて、そもそも援助団体が入ることさえできない。入ることが可能な地域でも、食糧は一括して当局や軍が受け取り、苦しむ子どもなどに配分されているかを確認できない。それに抗議して直接配分できたところでも、それは表面だけのことで、すぐに当局に召し上げられてしまう。

そういうことのくり返しで、多くの援助団体が疲弊し、北朝鮮では食糧援助を遂行することができないとして撤退していった。

援助された食糧を誰に与えるのか、そもそも与えるのかどうかさえ、政府当局と軍だけが決める。こういう体制のもとでは、人道的な食糧援助さえ、支配体制の維持に使われてしまうわけである。人道的な措置が人道に反する独裁を強化するというのだから、ジレンマの極みというべきであろう。

人道援助においてさえこんな問題が生じるわけだ。北朝鮮に対する経済制裁が解除され、各国との間で普通の経済関係が確立し、ましてや日本との国交正常化によって大規模な経済援助が行われるようになれば、問題はもっと複雑になっていく。ある国が実施する経済援助が通常の行為なのか、それとも北朝鮮の支配体制を維持、強化する行為であって、北朝鮮の人びとを苦しめる結果になってはいないか、ということが常に問われるからである。

3――非核化と体制保証のジレンマ

以上述べてきたように、北朝鮮の非核化と体制保証には、それぞれにジレンマが存在する。しかしそれだけではない。非核化と体制保証をバーターするという、94年の枠組み合意以来の考え方にこそ、解きがたいジレンマが存在するのだ。

結論から言おう。非核化が進展していけば、北朝鮮は次第に各国と普通の外交・経済関係を結んでいく。外交使節が訪れるだけではなく、民間人との交流も進むことになるが、そうなると北朝鮮の体制の根幹に触れざるを得ない。それが体制を保証するどころか、体制の存立を脅かすことになる可能性が高いということである。逆に言えば、そういう方向に進むとしても、それでも北朝鮮は非核化の道を選ぶのかという問題でもある。

非核化は「先軍政治」と衝突する

外交・経済関係全般が改善しなくても、北朝鮮の非核化が進展するだけでも、北朝鮮の体制は現状のままではいられない。北朝鮮の体制維持にとって小さなことではないのだ。

たとえば、北朝鮮の非核化を実現するためには、まずすべての核施設をおおやけにしなければならない。そして査察をしなければならない。

94年の枠組み合意の際、寧辺《ニョンビョン》の施設をどうするかが問題になった。結局その後、ここが北朝鮮の核施設の中心的存在であることが判明するのだが、北朝鮮は当初、ここは軍事施設であって、査察は国家主権に対する侵害だと拒否した。

それからすでに四半世紀が経過した。まだ開発段階だった時代と異なり、核実験もミサイル実験もくり返され、アメリカ本土にまで到達すると北朝鮮自身が自負するようになっているのであるから、査察すべき施設も以前と比べ広範囲にわたっている。

それら核・ミサイルは当然、軍隊が保有し、兵士が運用しているのであって、査察は軍のなかに踏み込んでいく行為である。査察が許されなければ非核化は進展しないし、逆に査察が許されれば、広範な軍事施設にＩＡＥＡの査察官が日常的に出入りするようになる。軍の権威が貶《おとし》められることになり、ひいては「先軍政治」による軍の忠誠に依拠してきた金正恩の支配にも影響せざるをえない。

さらに、核兵器が完成しているということは、北朝鮮の技術者、研究者の頭のなかには、核兵器をつくるためのノウハウが確固として存在しているということでもある。これらの人びとが再び核開発に手を染めないようなシステムをつくることは可能なのか。それを北朝鮮が自発的に行うならまだしも、ＩＡＥＡなどの関与で実施することになるなら、北朝鮮に対して主権の一部を放棄せよと言うに等しい。つまり、完全な非核化と完全な体制保証は両立しがたいのである。

非核化による人的交流で国民の意識が変わる

外国人が北朝鮮に滞在し、北朝鮮の人びととの交流が広がることも、北朝鮮の体制には大きな影響を与えるだろう。非核化措置に限ってもそうである。

第１章で取り上げたアメリカ国務省の北朝鮮担当官であるケネス・キノネスは、『北朝鮮Ⅱ——核の秘密都市寧辺を往く』のなかで、使用済み核燃料棒を８０００本のスチール缶に安全に保管する作業のため、寧辺に長期間滞在したことを記録している。その作業はアメリカ人と北朝鮮の人びとの共同作業であるから、当初は文化その他の違いから衝突することがあったそうだ。しかし、実際に顔をつきあわせて仕事をしていくうちに、次第に打ち解け、お互いを理解するようになっていったというのである。

それは北朝鮮が国際社会で普通の国家になっていくために必要な過程だろう。しかし、この交流によって対アメリカ観が変わるということは、アメリカに対する敵意をバネに生きてきた北朝鮮の人びとにとって、大きな衝撃であることは疑いない。

しかも、進展するのは非核化だけではない。他国との通常の外交・経済関係が結ばれていけば、そういう変化が全土に及んでいくのである。

北朝鮮に行ったことのある人なら知っていることだが（筆者自身の北朝鮮体験は「あとがき」で述べる）、現地では自由に行き先を決めることはできない。平壌《ピョンヤン》以外に行ける可能性は低く、平壌でさえどこへ行くにも許可がいるし、何らかのかたちで北朝鮮の人の同行を必要とする。

しかし、北朝鮮が経済発展を望み、海外からの経済援助、経済投資を受けようとすれば、外国資本の企業家に対して行き先を制限するなどあり得ない。そんなことをするなら投資しないということになって、経済協力は進まないのである。

こうして外国人の移動の自由が拡大すれば、北朝鮮の人びとにも影響を与えるだろう。外国人が移動するということは、移動先で北朝鮮の人びとと接触をするということだ。非核化措置の段階では、外国人との接触は政権内部の人間に限られるが、経済関係の領域ではその範囲が広がり、もはや人間同士の接触を制限することはできない。北朝鮮の人びととの意識は大きく変わっていくことになる。

現在、北朝鮮の人びとには移動の自由がなく、政府の許可がなければ遠く離れた親の死に目にも会えない。政権に忠実な人は平壌に住み、相対的に豊かな暮らしを享受できるが、不平不満を持つ人はへんぴな地方に追いやられ、戻ってくることはできない（最近、市場経済の発展で、その政策は崩れつつあることが報告されてはいるが）。

しかし、外国人が自由に移動するようになれば、北朝鮮の人だけが引き続き移動を禁じられるとは考えられない。そして、移動の自由は、いろいろな人と接触する自由、さまざまなことを話し合う自由、話し合った結果を行動に移す自由へと拡大していくことになる。

そうなれば北朝鮮の人びとの意識は劇的に変わっていく。それが非核化に付随する結果である。そういうことがわかっていて、金正恩がそれを許すのか。そこが問われているのである。

4——主要関係国それぞれのジレンマ

北朝鮮はこれほど根深いジレンマを抱え込んでいて、なかなかそこから抜け出せない。それならそのジレンマを断ち切れるよう、周辺国が北朝鮮に対して働きかけるしかない。ところが、周辺国にもそれができないジレンマがあるのだ。

アメリカのジレンマ1――やってきたことは「体制転覆」ばかり

アメリカの最大のジレンマは、すでに論じたが、自国の安全のためには核兵器が必要だと主張しながら、北朝鮮は同じ立場に立ってはならないとしていることだ。

それがアメリカ外交だと言ってしまえばそれまでだが、力によって相手を脅えさせることで相手の意思を変えるというやり方に慣れきっていて（それが抑止力である）、対話と外交で相手の意思を変えていくことができない。

世界には核兵器が自国の安全のために不要だと考えを転換し、核兵器禁止条約に参加した国がたくさんあるのに、その経験に学べと北朝鮮に迫ることもできない。アメリカ自体が条約に反対しているのだから理の当然である。

アメリカが経験として提示できるのは、ボルトン大統領補佐官（国家安全保障問題担当）がよく言及するが、いわゆるリビア方式[*2]だけである。

アメリカは今世紀のはじめ、リビアとの秘密交渉によって、核兵器を開発してきた事実をリビアに認めさせ、ＩＡＥＡの査察も受けて核兵器を廃棄させた。リビアは対アメリカをはじめとして各国と国交正常化を進め、テロ支援国家の指定も解除されたのだが、結局、内戦を口実にしたＮＡＴＯの武力行使によって政権が転覆させられた。アメリカが関与して核兵器を放棄させた事例は、北朝鮮を説得する材料にならないのだ。

オバマの時代なら、「核兵器のない世界」を掲げていたのだから、アメリカも将来的には核兵器をなくすという建前を担保にして、他国に対して核廃棄を迫る論理を構築することも不可能ではなかった。ところが当時のオバマは、北朝鮮が向こうから折れてきたら何らかの対応をするという方針をとり、その方針に「戦略的忍耐」とご立派な名前をつけ、要するに何もしないというだけのことを「戦略」であるかのように描いたのである。その忍耐している長い時間のなかで、北朝鮮は核・ミサイルを完成させていったのだ。

オバマと異なり、核兵器増強路線のトランプには、核に対する北朝鮮の思想を変えられる可能性は皆無である。できるのは「取引」だけなのだ。

こんなトランプ政権が核兵器の放棄を迫ってくるわけだから、北朝鮮が求める見返りもその分、大きなものとなるのは当然である。しかし、アメリカはそれに応えられるのだろうか。

経済的な見返りについて、アメリカは何も約束していない。伝えられているように、日本と国交正常化をすれば経済援助が得られることが日朝平壌宣言で決まっているので、それをあてにしろということだけなのである。他国を頼りにした状態で、本気の交渉はできない。

アメリカのジレンマ2——対中国戦略の不在に縛られる

アメリカは北朝鮮の核に対する思想を変えることはできないが、それでも両国の政治・外交関係が改善していくことは、両国にとって大きな意味がある。朝鮮戦争の終戦宣言に始まり、両国首都への連絡事務所の設置、平和条約の締結による本格的な国交正常化に至る措置のことである。それらは過去の合意にもあったことだし、今回もアメリカが応じる可能性は高い。北朝鮮はアメリカの武力攻撃でつぶされることを本気で心配してきたのだし、これらが段階的にでも実現していけば、非核化に応じていくことにつながるだろう。

もともと軍事的には弱小な北朝鮮のことであるから、それが非核化され、アメリカとの政治、経済、外交関係が緊密になるにつれて、米軍の役割も減っていくはずである。アメリカもその程度のことは理解している。北朝鮮もそれを期待し、いろいろ要求を出しているわけだ。

ただし問題は、北朝鮮の最終的な要求である在韓米軍の撤退にアメリカが応じられるかどうかである。それなしに北朝鮮が非核化を完遂できるかということである。

在韓米軍は、そもそもの目的は北朝鮮に対処することにあったから、その脅威が低減していけば役割も減っていくはずだった。実際、もし米軍の撤退と北朝鮮の非核化がバーターできるなら、望ましいことではある。

しかし、そこにアメリカの対中国戦略が待ったをかけている。というより、対中国戦略の不在が影を落としている。

そもそも韓国に大規模な米軍を置いておくことは、対中戦略に不可欠どころか、足手まといになる可能性がある。沖縄海兵隊のグアムへの移転が話題になるのも、沖縄が中国のミサイルの射程に入るからであって、韓国にいては危ないだけである。その一方で、アメリカは中国に対する不安を持っているので、最近、在韓米軍基地にＴＨＡＡＤ《サード》ミサイル（終末高高度防衛ミサイル）を配備し、在韓米軍基地は対中国戦略においても意味を持たされようとしている。

つまり現在、アメリカは中国に対して明確な戦略を持てないでいるのである。いくら中国軍が東シナ海や南シナ海で無法な行動をくり返しているといっても、冷戦時代のように相手を壊滅させる抑止戦略はとれない。しかし、新しい戦略は見つからない。

そういう腰の定まらない現状では、在韓米軍の撤退のように大きな変化を伴う決断はできないのである。ましてや現在のトランプ政権は、自国経済の衰退も中国が原因だと考え、経済戦争に踏み切ろうとしている。その結果、軍事面はもちろんのこと、政治、外交面でも、中国との関係改善にどこまで踏み切るかについて大きな決断ができない状態なのである。

中国のジレンマ1——北朝鮮の体制が壊れたら困る

中国の抱えるジレンマも半端ではない。朝鮮半島の非核化を望んではいるが、その進行が生みだすものに恐怖を抱いているように見える。

現在の中国が、北朝鮮の非核化を真剣に求めていることに疑いはない。六カ国協議の議長を務めていた当時は、北朝鮮の顔を立てるような言動をとることもあり、北朝鮮が共同声明を踏みにじってミサイル実験、核実験をしたときも、国連安保理の制裁決議に態度を保留するようなこともあった。しかしその後、実験がくり返され、北朝鮮が紛《まご》う方《かた》なき核保有国になるなかで態度を硬化させた。

北朝鮮への制裁を求める国連安保理決議にも、最近、ずっと賛成してきた。以前、国際社会が制裁を決めても中国が抜け穴になっているという時期があったが、この間、とりわけ習近平《シー・ジンピン》政権になって制裁への本気度が増大してきた。北朝鮮がアメリカとの対話へと大きく舵を切ったのも、中国が制裁に本気になったことによって、経済に深刻な影響が現れてきたからだと言うことができる。

ところが、非核化を目的に経済制裁を続けるとして、それが北朝鮮の体制を揺るがすまでになっては困るという判断が一方で存在する。その結果、体制が壊れない程度の制裁を維持するということになり、それと非核化達成という目的がジレンマの関係に陥っているのである。米朝首脳会談後、そのジレンマが加速しているようだ。

北朝鮮の体制が崩壊したらなぜ中国が困るのかと言えば、韓国が北朝鮮を飲み込むかたちで朝鮮半島が統一されるからである。そうなれば、よく指摘されるように、北朝鮮という緩衝地帯がなくなり、米軍基地が国境付近まで迫ってくる可能性がある。

北朝鮮が自分の統制を離れて核兵器を外交の材料に使うことへの嫌悪感と、最大の核保有国であるアメリカが目前まで迫ってくる恐怖感と、どちらが容認できるかといえば、答えは明らかだろう。北朝鮮の体制維持を優先するが故に、非核化への態度は甘くならざるを得ないのである。

中国のジレンマ2——脱北者の在留承認も送還もできない

北朝鮮の体制が崩壊するほどの制裁というのは、あまり現実味がないかもしれない。制裁を強めればいつかは北朝鮮が崩壊するというのがアメリカの保守派のこれまでの見立てであったが、その予言が現実味をおびる局面が生まれることはなかった。どんな苦境に陥っても、縮小再生産する経済のなかで、多数の死者を生み出しながらも国家は維持されていくのだというのが、われわれが北朝鮮の経験から学ばなければならないことである。

他方、制裁による経済困難が大量の脱北者を生み出すことは、すでに経験済みである。90年代の「苦難の行軍」の時代ほどではないにせよ、現在も継続的に脱北者は生み出されている。脱北者のほとんどは中国との国境を越える。一部は東南アジアなどを経て、韓国をめざすが（アメリカや日本に来た人もいる）、多くは中朝国境地帯にとどまる。この周辺は古くから朝鮮民族が居住する地域であり、仕事にも暮らしにも都合がいいからである。

それは中国政府にとっては頭の痛い事態だ。少数民族である朝鮮族のアイデンティティが強まりかねないからだ。そうなると、ウイグルやチベットなど国境地域に住む他の少数民族のアイデンティティにも影響を与えかねないので、気をつかわざるを得ない。そういうことがあるので、中国政府の脱北者に対する対応の基本は、「本国への送還」なのである。

しかし、送還された人びとを待っている末路は悲惨の一語だ。生活の苦しさから脱北しただけなのに、北朝鮮の体制への反逆者として扱われ、厳しい思想チェックが行われ、強制収容所に送られる場合もある。身ごもった女性の場合、他民族の血が混じる子どもが生まれる可能性があるとして、強制的に堕胎させられる。

そのような事実が多数報告されているので、国連難民高等弁務官事務所（ＵＮＨＣＲ）は、中国に対して、脱北者を経済難民ではなく政治難民として扱い、送還するのではなく保護するよう求めている。けれども中国はそれに耳を貸そうとせず、国際的な人権コミュニティから厳しい批判を浴びている。中国にとっては、脱北者がとどまることも、脱北者を送り返すことも、どちらも困った事態を引き起こすことになるのである。ジレンマとしか言いようがない。

韓国のジレンマ1――みずからの非核化の姿勢はあいまいなまま

米朝首脳会談の実現に至る過程で、韓国の文在寅《ムン・ジェイン》大統領が果たした役割は大きい。いつ戦争が始まるのかという不安を世界が抱いているなかで、状況を打開するために同大統領が取ったイニシアチブは褒め称えられるべきだろう。

同時に、そこまで朝鮮半島の非核化と南北の宥和をめざすなら、そしてそれが本気であるというなら、当事者としては踏み込まなければならない領域があるはずである。韓国の非核化はどうするのかということだ。

今回、米朝で合意したのは、正確に言えば、「北朝鮮の非核化」ではなく、「朝鮮半島の非核化」である。韓国も非核化するのだ。しかし、南と北では、求められるものがかなり異なるように思える。

一方の北が求められているのは、いわばがんじがらめの非核化であって、完全で検証可能で後戻りできないものである。他方の南はどうか。これまで紹介してきたように、アメリカは韓国に核兵器を配備しないことを約束し、韓国政府もそれを確認している。アメリカ大統領の言明なのだから、現在、韓国に「完全」に核兵器がないことは推測はできる。

しかし、少なくとも韓国の非核化は第三者による「検証」はされていないし、「後戻り」も可能である。アメリカ大統領の約束は「将来にわたって核兵器を配備しない」というものではない。しかも、韓国政府の確認も、ただ確認したということであって、韓国に核兵器を配備しないことを韓国の政府なり国会なりの意思として決めたものではない。その点では、日本の非核三原則[*3]のようなものさえ、韓国には存在しないのだ。

さらに重大なのは、すでに紹介したが、韓国が核兵器禁止条約に反対したことである。このことが持つ意味は重い。

核兵器禁止条約の核心は、核抑止力の放棄にある。いざというとき、核兵器の使用によって報復するぞという威嚇によって、相手の軍事行動を抑《おさ》え、止《とど》めるのが「抑止」である。「使用するという威嚇」こそが核抑止なのだ。だからこそ、核兵器禁止条約は、核兵器の使用も威嚇も禁止したのである。

韓国が非核三原則のようなものさえ法制化せず、核兵器禁止条約にも反対したということは、北朝鮮に対する核兵器による威嚇や使用を想定しているのだろうか。文在寅政権は北朝鮮寄りと言われているが、真意はどこにあるのだろう。

韓国のジレンマ2——民族統一の悲願と体制保証のコスト負担

もう一つ、非核化と体制保証の道を進むコストについて、文在寅大統領がどう考えているのかという問題がある。さらにそれに韓国国民が耐えられるかどうかである。

北朝鮮の非核化にいくらかかるのかは、どの程度の核開発がなされているかも不明なため、まだ正確な試算は行われていない。それでも、将来にわたって非核化を検証していくコストも含めれば、かなりの費用がかかることは想定できる。

しかも、北朝鮮の非核化は体制保証と一体だから、多額の経済援助が必要になることは誰もが理解している。韓国ではすでに、北朝鮮との間を鉄道と道路でつなぐ事業の具体化が進みはじめていて、コストをどうするかという議論が浮上している。数年前、北朝鮮とロシアは、北朝鮮北部の鉄道やトンネルの刷新事業で契約を締結したが、その総事業費が250億ドル（3兆円近く）に達するそうだから、南部もかなりの額に達するであろう。

さらに、この話がどんどん進んでいけば、どこかで南北の統一という問題に発展してくる。東西ドイツ統合の際、西ドイツが東ドイツを吸収するのにかかった総費用は1兆2000億ユーロ（約135兆円）と試算されており、韓国と北朝鮮の統一もばく大な費用になるに違いない。

北朝鮮問題での文在寅大統領のイニシアチブは、韓国で国民多数の支持を得ているようだ。しかし、政権発足時には80％以上あった大統領の支持率は、いまや50％を下回り、不支持が支持を上回るようになっている。その原因は経済の低迷にあるというのが大方の見方である。

韓国の人びとは、北朝鮮が挑発的な言動をしなくなったことは歓迎するが、北朝鮮に対して大規模な経済援助をすることは容認していない。ましてや、経済支出が避けられない南北統一は現実のものになってほしくないというのが、韓国世論の現状のようである。

そういう現状のなかで、韓国はコスト負担に目をつむっても、体制保証の道を進めるのか。そのジレンマにいずれ直面することになるであろう。

日本のジレンマ1——核問題での橋渡し役を放棄してしまった

日本もまた、アメリカの核の傘のもとにあるだけでなく、核兵器禁止条約に反対してしまったという点で、韓国と同様のジレンマを抱える。しかも日本の場合、唯一の戦争被爆国の地位を利用して、あたかも核廃絶という主張に理解を示すようなスタンスをとり、「核保有国と非核国の橋渡しをする」のが建前だっただけに、2017年に核兵器禁止条約に反対したことは残念な出来事だった。

すでに紹介したが、核兵器禁止条約につながったのが、オーストリアなどを中心とする「人道の誓約」である（61ページ参照）。核兵器の使用は人道上許されないという見地から核廃絶を求める動きであった。日本はこの「人道の誓約」に賛成しない方針をとるのだが、核兵器が人道的な被害を生み出すということが日本の原水爆禁止運動の原点であり、日本政府がそれすら認めないことへの批判が高まる。

そのなかで15年、国連総会において、基本的に「人道の誓約」と同じ立場に立つ「核兵器の人道上の結果に関する共同声明」が採択されるのだが、日本政府もこれには賛成を余儀なくされるのである。この決議に159カ国もの賛成があったという現実を踏まえ、核兵器禁止条約への動きが加速する。

その当初、日本政府は、核兵器禁止条約への態度を明確にしていなかった。核兵器の非人道性にも核廃絶という目標にも反対はできないが、かといってアメリカが反対するものに賛成するわけにもいかない。その立場から、条約作成の交渉会議には参加して、賛成か反対かを明言しないまま、日本としての立場を表明してきた。

ところが条約の内容が見えてきた17年3月末（条約採択は7月7日）、突如として岸田文雄外相（当時）が記者会見し、条約は核廃絶に「逆効果」などとして、今後の交渉には参加しないという態度を表明した。しかも条約に対する態度は「棄権」でもなく「反対」である。核保有国の側に立ち、建前としての橋渡し役という位置を投げ捨てたのである。

日本政府はその理由に、「厳しい安全保障環境に対する冷静な認識」を挙げたが、その厳しさを形成している北朝鮮の核問題での「橋渡し」を放棄していては、いつまでも厳しさは続くことになろう。大きなジレンマである。

日本のジレンマ2――拉致問題が解決する前に経済協力できるか

米朝首脳会談で確認された目標が、日本の参加なしに達成できないことは、衆目の一致するところだ。日本が国交正常化とともに実施するとされる大規模な経済協力を抜きにして、北朝鮮の経済再建を進めることはできず、したがって体制の保証を安定的なものにすることもできないからである。

ところが日本は、日朝平壌宣言（2002年）にもとづいて、拉致、核、ミサイルの三つの包括的な解決を、国交正常化と経済協力の条件としている。核、ミサイル問題が解決しただけで、拉致問題が未解決という状態では、国交正常化に踏み出せないのである。

仮に、北朝鮮の非核化がある段階に達し、経済協力による体制保証が約束されるなら非核化が最後の局面を迎える、という段階がやってくるとしよう。その局面でトランプ大統領が日本に経済協力を求めたら、日本はどうするのだろうか。

つまり、日本が拉致問題にこだわらなければ非核化が達成し、こだわれば非核化は実現しないという局面である。もちろん、そうなる前に拉致問題の解決のために全力をあげなければならないが、大いなるジレンマを抱える可能性があることは心しておかなければならない。

さて、以上論じてきた複雑なジレンマの連鎖から抜け出す道を論じるのが本書の目的なのだが、その前に、ジレンマの底流を論じておかねばならない。

これほどのジレンマが発生するのは、その根底に、常識を外れた北朝鮮の特異な体制がある。そこを理解できないと、ジレンマを克服するのにも常識外のやり方が必要となることが理解できないからである。

第3章

北朝鮮の人権問題をどう考えるべきか

ジレンマの底流

北朝鮮――198X年X月X日

兄は1960年に北朝鮮に帰国した。「共和国で立派な学者になり、社会主義建設に役立つ働き手になる」が口癖だった。翌年には姉も帰国する。

父は朝鮮総連*1の少しは名の知れた活動家。母も女性同盟の活動家だ。私自身もかつて在日本朝鮮青年同盟*2の専従者であった。活動家家族なのである。

兄は出発のとき、「落ち着いたらすぐお前を呼ぶから。そうしたら家族みんなで一緒に帰ってこい」と言葉をかけてくれた。

それから二十数年。兄と姉から届く手紙に書かれているのは、ありとあらゆる物品を送ってほしいということだけ。北朝鮮への帰国を促す手紙は来ない。

どうしても会わずにおれないと思い、朝鮮総連の訪問団の一行として万景峰《マンギョンボン》号に乗り、ようやくたどり着いた北朝鮮の清津《チョンジン》港であった。船から見える山の中腹には、「偉大な首領金日成《キム・イルソン》元帥万歳!」と書かれた白い幕が見える。

出迎えの人を見渡すが、兄も姉もいない。歓迎式典は金主席の巨大な肖像画に頭を下げるところから開始されるが、式典が終わっても兄と姉はやってこない。

それから数日、バスや汽車に乗せられていろいろなところを訪れ、金日成の像に「歓迎」される。金日成の「天才的指導」の成果である工場や農場を見せられ、人びとがいかに「ほかにうらやむものがないほど幸福な生活」を送っているかを説明されるが、兄と姉には会えない。

いや、兄と姉に会えないどころではない。公式用語しか話さない人とは何人も出会えるが、そこで暮らす生身の人間には接触できない。バスから汽車に乗り換えるにも、一般の人の通れない「特別の裏口」が用意されているのだ。ただ、遠くから眺めることはできるので、北朝鮮の人びとの身体が、自分たち在日より一回り小さいことは分かる。

数日後、ようやく汽車は平壌駅《ピョンヤン》に到着する。しかし、やはり兄も姉もいない。

平壌での日課は「学習、学習、また学習」である。金日成の生家や工場、博物館などを次々と訪ね、ただただ共和国の偉大な成果とそれを生んだ金日成の指導を学ぶのだ。日本のようにいろいろなことを伝えてくれる新聞や電波もない。

一人で散歩することは許されない。一般の人と会わないよう隔離するのだろう。あとでわかったことだが、平壌には「思想性の低い」者は住めない。人の衣装も家屋も、これまで見てきたものよりも良さそうだ。

到着した日は1日に4回、金日成像におじぎを強要された。その金日成が住んでいるという「宮殿」も遠くから見える。日本の皇居に勝るとも劣らない豪華さだ。二千数百人の使用人がいるそうで（中に入れないので確かめられないが）、そこの主《あるじ》は、特別農場や牧場でつくられた野菜や牛肉しか食べない。いや、海外のものなら、松阪牛も食べるそうだが。

十数日を経て、平壌を出発し、地方学習の旅になる。兄と姉に会えるかもしれない。日本から同行した一人は、その日、帰国した自分の息子に会うことができた。しかし、なかなか息子だと分からなかった。なぜなら、親である自分より老けていて、やせ細っていたからだ。

日本を出発して19日目、ようやく姉と会うことができた。ただ抱きあい、泣くだけだった。けれども、なぜ兄が来ないのかという問いには、寂しそうな顔で、「家庭訪問のときにわかる」と言うばかり。納得できずに問い詰めると、「社会主義建設に忙しくて」という答えが返ってきた。

日本で通っていた朝鮮高校の同窓生から、帰国した弟に会ってきてほしいと依頼されていて、会えることができた。その弟は、私を別の部屋に連れて行き、「あの部屋には盗聴器がある」、「この部屋にはない。二つも盗聴器をつける予算はないから」と嘲笑気味に述べると、驚くべき体験を語ってくれた。帰国前は「地上の楽園」と思っていたが、帰国のその日から衣食住に事欠く生活で、わずか2日で奈落の底に突き落とされる。逃亡を企てた帰国同胞はあとを絶たなかったが、政府は公開銃殺でそれに応えた。国全体が刑務所のようなものだ。

そして日本を出てから27日目。ようやく「家庭訪問」である。兄の家庭を訪ねるのだ。しかし兄の家に着く前に、また金日成像へのお参りである。そしてついに家の前へ。兄の姿が見えない。姉と会ったときに抱いた不吉な予感は当たった。その後、姉が案内してくれたのは、兄のお墓だった。

お墓の前で誓った。

「兄さん、奴らでしょう。〝首領さま〟の国にダマされて連れてこられた十万もの純粋無垢な在日同胞をいじめ、痛めつけているのは。この恨みはいつの日か、きっと晴らしてやる」

＊――金元祚《キム・ウォンジョ》『凍土の共和国――北朝鮮幻滅紀行』（1984年、亜紀書房）を再構成した。

1——「ヒトラーの体制でも保証するのか」という問い

北朝鮮に無関心だった国際社会

右に紹介した『凍土の共和国』は、1984年の出版直後に読んだ。三十数年前のことである。当時としては衝撃の内容ではあったが、うすうす気づいていたことでもあった。日本の場合、1959年から開始された在日朝鮮人の帰還事業[*3]によって、10万人近い人が北朝鮮に行くことになったため、いろいろなかたちで北朝鮮の内情が伝わってきていたからである。

そのあまりの悲惨さから、この本が出版された1984年をもって、帰還事業は終結することになる。しかし当時、北朝鮮のこのような人権問題は、国際社会の関心の範囲外であった。

第二次大戦後に結成された国連は、「すべての者のために人権及び基本的自由を尊重する」（国連憲章第1条第3項）などとして、人権重視を打ち出した。それは、この大戦が、平時におけるナチスによるユダヤ人に対する迫害と虐殺をもって準備され、最終的に世界規模で「人権と自由」か「ファシズムと独裁」かが問われる戦いになったことと密接に関連している。

国連は、世界の平和のためにつくられた機構であったが、ナチスと同じような人権侵害が再び行われるなら、それが戦争につながることが明確であったため、平時から人権侵害を許さないことを明確にした。

そのため経済社会理事会のもとに人権委員会（各国政府代表から成る）が設置され（現在は総会のもとにある人権理事会へと改組された）、さらにそのもとに人権小委員会（学者や弁護士など専門家から成る）がつくられることになった。

そうは言っても、それぞれの国内の人権問題を国連が扱うことには難しい面もあり、いろいろな試行錯誤が続く。

しかし、アジア、アフリカの広大な植民地が独立して国連に加盟し、総会の多数を占めるという変化を背景にして、60年代になると、まず南アフリカで行われていたアパルトヘイト[*4]が国連の主要な議題になっていく。国連総会や人権委員会は、アパルトヘイトを批判するとともに、人権委員会のもとに「特別報告者」を任命し、南アフリカの人権侵害を調査し、報告させた。そして、その報告をふまえて批判決議が採択される。

そうした国際世論の高まりを背景に、国連安保理も63年、アパルトヘイトが「国際の平和と安全を深刻に脅かす」として、南アに対してその放棄を求めるとともに、各国にも武器の輸出をやめるよう勧告したのである。

大規模な人権侵害が行われている国に関する「特別報告者」を設置し、調査報告を受けて批判決議を採択し、改善を求めるというやり方（「特別手続」と呼ばれる）は、60年代は南ア（アパルトヘイト）とイスラエル（パレスチナ問題）に限られており、70年代になっても、軍事政権下での虐殺が問題になったチリと、さらにはカンボジア、ニカラグア、赤道ギアナに広がっただけであった。

しかし80年代には新たに7カ国（ボリビア、エルサルバドル、ポーランド、グアテマラ、イラン、アフガニスタン、アルバニア）が、90年代には14カ国（ハイチ、ルーマニア、キューバ、イラク、クウェート、旧ユーゴスラビア、ミャンマー、スーダン、ソマリア、コンゴ民主共和国、ルワンダ、チャド、ブルンジ、ナイジェリア）が新たに加わることとなった。

同様の人権侵害があったソ連、天安門事件があった中国などが対象になっていないのは、やはり大国に配慮せざるをえない国際政治の現状を反映している。しかし、安保理と異なって大国に拒否権があるわけではなく、過半数の賛成があれば決めることができるため、大国の勢力圏にある国でも除外されていない。重大な人権侵害はほぼ例外なく国連の人権委員会で扱われてきたことが理解できるだろう。

飢餓による大量死で高まった懸念

ところで、いま列挙した国のなかに、北朝鮮の名前は出てこない。これらの国と比べ、重大ではないと判断されたのだろうか。そうではない。北朝鮮が情報鎖国のような状態にあったこと、アジアの片隅にあって人権問題を主導する欧米の関心が寄せられなかったことで、ずっと放置されてきたのである。

1988年12月、アメリカのミネソタ弁護士会国際人権委員会、人権NGOのアジア・ウォッチ（現在はヒューマンライツ・ウォッチに糾合）が、脱北者などに聞き取りをして詳細な実態報告を発表したが、それが唯一という状況であり、国際世論の関心を惹くこともなかった。

その状況を変えたのが90年代の「苦難の行軍」である。北朝鮮では、1994年から大規模な飢饉が発生して98年ごろまで続き、そのなかで45万人とも200万人ともいわれる餓死者が出る。その結果、脱北者が大量に発生して北朝鮮の実態が伝えられ、食糧支援のために海外のNGOが北朝鮮に入ることになり、情報が直接もたらされるようになった。

96年、先述の実態報告を作成したミネソタ大学のデビット・ワイスブロットが、国連人権小委員会のメンバーに選ばれた。人権小委員会は97年8月、北朝鮮の人権状況に関する決議をはじめて採択する。決議は、北朝鮮で多くの人びとが拘禁され、人権侵害が引き起こされているという報告が一貫してなされていること、誰もが自由に出国し帰国できる権利を制限することは世界人権宣言に反することを指摘した。

その上で決議は、北朝鮮に対して、自由に出国し帰国する権利を国民に保障すること、自由権規約委員会に定期報告書を提出することを求めるとともに、国際社会に対しては、北朝鮮の人権状況に関心を持つこと、食糧援助を拡大させることを勧告した。

翌98年、同様の決議が再び採択され、さらに人権委員会の場でも、ＥＵなどがようやく北朝鮮の人権問題を批判的に取り上げるようになる。

国連は北朝鮮の人権問題をどう扱ってきたか

ここで北朝鮮が求められた自由権規約委員会への定期報告書とは何か。

国連は１９６６年、国際人権規約を採択し、各国が遵守すべき人権の基準とそのための実施措置を定めた。これは、「経済的、社会的及び文化的権利に関する国際規約」（社会権規約）と、「市民的及び政治的権利に関する国際規約」（自由権規約）の二つにわかれる。

このうち、自由権規約を批准した国は、規約の実施状況をみずから点検して5年毎に定期報告書を提出し、国民が享受する権利にどんな「進歩」があったのかを明らかにすることを求められるのである。その報告を人権専門家18人からなる自由権規約委員会が受け取り、報告を提出した政府に対して公開の場で疑問をただし、意見を述べるというのが、規約の定める「実施措置」であった（これ以外にも人権侵害を受けた個人が訴え出る制度もつくられた）。

北朝鮮は、81年に国際人権規約を批准したが、翌々年に最初の報告書を提出しただけで、それ以降はずっと義務を履行していなかった。しかし、人権小委員会の決議を受け、2000年に定期報告書を提出することになる。

その結果、2001年、北朝鮮政府が出席する公開の場で北朝鮮の人権問題が審議され、実態が明るみに出た。たとえば北朝鮮政府は、自由権規約委員会の質問に答えるかたちで、「住民の全員一致の要請があった」ことを理由に、処刑を公開で実施していることを認めたりもした。

こういう事態を受け、03年、人権委員会がはじめて北朝鮮の人権状況を批判する決議を採択する。そして翌04年の決議により、北朝鮮は人権問題の「特別手続」の対象国となり（60年代の南アや70年代のチリと同様）、特別報告者が設置され、調査が開始されるのである。

その後、毎年、特別報告者が北朝鮮の人権状況を調査し、それを人権委員会に報告するとともに、人権状況を批判する決議が採択されることになっていく（06年に人権委員会が改組され、それ以降は人権理事会の名前で実施される）。

この措置によって、北朝鮮は他の重大な人権侵害国と同じ扱いを受けることになったのだが、それにとどまらなかった。人権理事会は13年、北朝鮮の人権に関する国連調査委員会を設置することを決めたのだ。

特別報告者の場合は、調査して報告するのは一人であるが、3人が任命されて特別な委員会がつくられた。そして、人道に対する罪に相当しうる人権侵害が北朝鮮で行われていないかどうかを調べるため、委員会に特別の調査権限を付与したのだ。国連史上はじめての措置であり、北朝鮮の人権問題はそれほど重大だと国際社会が認識した結果である。

翌14年、国連調査委員会は、報告書を人権理事会に提出した。「朝鮮民主主義人民共和国における人権に関する国連調査委員会の報告」(以下、「報告書」と略記)というものである。日本語訳(https://www.mofa.go.jp/mofaj/files/000078673.pdf)でA4判425ページ(約45万字)にも及ぶ「報告書」には、04年以来の調査の結果が集約的に述べられている。10ページ程度の核兵器禁止条約さえ翻訳しない日本の外務省がこれを訳しているのは、よほどこの内容を支持しており、活用したいからだろう。

国連は北朝鮮の人権蹂躙をどう見ているか

「報告書」は、北朝鮮の人権状況を詳しく解明し、その原因などにもメスを入れる。その上で、最後の箇所で、北朝鮮の人権問題の性質を論じている。少し長くなるが、大事な結論部分なので引用する(具体的な実態は113ページからの次節で紹介する)。

北朝鮮では、過去にも現在にも、国やその機関、当局者による組織的、広範かつ重大な人権侵害が存在する。調査委員会が人権侵害と認める事案の多くは、人道に対する罪に相当する。これらは、単なる国家の行き過ぎた行為ではない。国が根ざす理想からかけ離れた政治制度の不可欠な要素になっている。こうした侵害の重大性、規模、本質は、同国が現代世界に類をみない国家であることを露呈させている。20世紀の政治学者は、この種の政治組織を全体主義国家と特徴づけた。すなわち、一握りの人間による独裁支配に満足せず、そこから国民生活のあらゆる側面を支配し、国民を恐怖でねじふせようとする国家である。

北朝鮮は、全体主義国家としての多くの特質を示している。それは、1人が1党を支配するルールであり、現・最高指導者が「金日成主義・金正日主義」と呼ぶ、緻密な指導思想の上に成立している。北朝鮮は国民を子どもの頃から洗脳し、公式イデオロギーに疑問を呈するあらゆる政治的表現、宗教的表現を抑圧し、国民の移動、国内外の通信手段を厳しく制限することにより、この指導思想を植え付けようとする。性別や出身成分に根差す差別を利用し、政治制度への抵抗を生み出しにくい硬直化した社会構造を維持している。

（中略）

その政治システムは、監視、弾圧、恐怖、処罰を戦略的に用いることにより、いかなる反対意見の表明も排除する、巨大な政治・治安機構が鍵となっている。国民を脅し屈服させる究極の手段は、公開処刑や政治犯収容所による強制失踪である。国家による侵害が顕在化した例が、国家ぐるみの他国民の拉致及び強制失踪である。このように国をまたいだ強制失踪

は、その深刻さ、規模、性質において他に類をみない。（報告書418ページ）

「世界に類を見ない国家」という評価

「独裁支配に満足せず」と書かれているように、並の独裁国家ではないということだ。「現代世界に類をみない国家」「全体主義国家」なのである。ヒトラー支配下のドイツと同じだと言っているに等しい。社会主義ということでスターリンの独裁を思い浮かべる人もいるだろうが、世襲であることなどを捉えて、「スターリンに対する崇拝の度合いを超えた」とも書かれている。

本書の主題からすると、それが何を意味することになるのか明らかだ。北朝鮮の現在の体制を保証するということは、「あのヒトラーの体制も保証されるべきものだったのか」という問題を提起することになるのだ。

大げさだという人もいるかもしれない。確かに、ドイツは周辺の多くの国を侵略したわけで、北朝鮮とは異なる点がある。しかし、国内での非人道的な犯罪については、当時のドイツも現在の北朝鮮も同じようなものである。

強制収容所に入れられていた人の数は、ドイツでは常時100万人とされており、北朝鮮の最大時で20万人という数字と比べ、人口の差を考慮しても（1937年のドイツ6800万人、現在の北朝鮮2500万人）、ドイツのほうが大規模であることは確かだ（比率で見ると北朝鮮はドイツの半分程度）。一方、北朝鮮の場合は、収容所が存在したのが第二次大戦開戦前後の10年間だったドイツと異なり、戦後ずっと収容所が存在しており、死者は数十万人にのぼると推定されている。また、ヒトラーの人道に対する罪は、おもに特定の民族の抹殺を謀り、計画的に実行したことに特質があり、そこも北朝鮮とは違っている。

けれども、あとで詳しく明らかにするように、国民全員を「出身成分」（135ページ参照）で区分し、どの成分に属するかによって居住する地域や住居、職業、配分する食糧など生活の全分野で差別し、敵対的な成分は孫子の代まで強制収容所に入れるという北朝鮮の制度は、世界にも類例がなく、ヒトラー・ドイツでも行われなかったものだといえる。

北朝鮮はまた、ヒトラー・ドイツのように他国を侵略していないとはいえ、何十人、何百人の規模で他国民を殺害する大きな事件は何回も引き起こしている。国内で政府が人道犯罪を主導しても裁かれないという体制が、国外でのこうした武力行使につながっているのはヒトラー・ドイツと同じである。北朝鮮が違うのは、経済力の水準が低いことによって軍事力も制限されているので、行使できる武力の規模がドイツほどではないというだけだ。

ドイツでヒトラーの体制が打倒されたのは、侵略された国がドイツ軍を国内に押し戻すだけで戦争を終わらせず、打倒するまで戦争を遂行したからである。その点、北朝鮮が米朝合意を守っていけば、同じ経緯をたどることはないと思われる（戦争になればヒトラーと同じ運命をたどるだろうが）。

しかしそれにしても、北朝鮮の体制を保証するということは、金一族がヒトラーと同じような人道犯罪を犯したことを認めつつ、それでも金正恩を許せと、北朝鮮国民に強要することなのである。ヒトラーの体制保証を当時のドイツ国民に求めるのと同じなのである。

そんなことが可能なのか、どうすればできるのか、そもそもそれは倫理的に許されることなのか。そこを考え抜かないと、この問題を解決することはできない。非核化と体制保証のバーターがジレンマを抱えていると何度も強調しているが、その底流に横たわるのは、人類が歴史上、このような国の体制保証をしたことがないという現実である。

北朝鮮を見る国際社会の厳しい目

本書の読者のなかには、北朝鮮の人権問題では、国連が小さな加盟国をいじめていると受けとめている人がいるかもしれない。

実際、国連のなかでは、大国である安保理常任理事国が憲章に違反して武力を行使しても拒否権に守られて批判を免れる一方で、武力を行使される対象は、ほとんどの場合が小国であるという現実がある。

国際刑事裁判所において「人道に対する罪」を犯して起訴されるのもアフリカの指導者が中心

であって、反発が高まっている。先ほど紹介した「特別手続」の対象国を見ても、欧米の「民主主義国家」は含まれず、アジア、アフリカの弱小国ばかりだ。

そうした人権問題の現状に批判が高まり、人権委員会から人権理事会への改組にあたって「特別手続」は残されたが、「人権先進国」も含め、すべての国の人権状況を調査する新たな制度[*5]が導入されてもいる。

しかし同時に、重大で組織的な人権侵害を扱う「特別手続」は、大国の妨害をはねのけながら小国が団結して発展させてきたことも忘れてはならない。それは、対象国での人権問題を解決するのに寄与してきたのだ。

たとえば南アフリカをめぐっては、白人政権によるアパルトヘイトに反対する黒人の闘いが力を増し、植民地からの独立を果たしたアフリカ諸国などがそれを支援して「特別手続」を求める。南アと経済関係の強かったアメリカ、イギリス、フランスなどは強硬に反対するのだが、それを国際世論で押し切って「特別手続」は実現した。

北朝鮮の人権問題をめぐっては、南アフリカの場合と異なり、当初、どこかの大国と衝突してでも人びとの人権を守るというような使命感はどこの国にも存在しなかった。だから、北朝鮮を「特別手続」の対象とする最初の決議の採択時には、「同情」が集まって賛成が反対を少し上回る程度であった。

しかし、この手続によって毎年、人権理事会において北朝鮮の実態が明らかにされるようになり、各国の態度も変わっていった。2012年以降、この決議は無投票で（つまり反対する国なしで）採択されるようになっている。どんな小国も調査に反対できないほどの実態だということである。

それにしても、まず、北朝鮮における人権侵害はどんなものなのかを具体的に明らかにしたい。ここまで、北朝鮮ではひどい人権侵害が行われているという結論を述べるだけで、その内容を具体的に紹介してこなかったが、それ抜きでは本書の結論を理解してもらえないだろう。以下、「報告書」に沿って北朝鮮の人権侵害の実態を見てみよう。

2——「ナチスよりまし」とはいえない北朝鮮の実態

実態の紹介を始める前に、国連人権理事会が行う人権調査の信用性についてふれておきたい。大規模な人権侵害を行う国は、国家の政策としてそれを進めるのであるが、国際社会の批判にさらされることを恐れて、実態を隠そうとする。国連が調査することを決めても、調査団を受け入れない。

南アフリカの例では、「特別手続」が開始された当初、調査する作業グループのメンバーが南ア批判の急先鋒だった国だけで構成されたこともあり、調査の中立性や信用性が批判されたこともあった。

しかし、長年の実践を通じて、調査の手法が確立されてくる。誰かが証言したからすぐに事実として採用するというのではなく、複数の証言を突き合わせてチェックし、間違いないものを選び出していくのである。

また、「特別報告者」は国連の期待通りの結果を出すことにならないよう、報酬は受け取らない。事実のみに忠実になるように制度的にも保証されている。

しかも、北朝鮮の場合、90年代以前ならともかく、その後は何万人もの脱北者が存在するので、証言する人が少ないということはあり得ない。逆に多すぎて困るほどだ。

2013年に設置された国連調査委員会による調査では、公開の公聴会も4カ国で開催され、脱北者など80名が顔をさらしてまで証言した。その証言に対して北朝鮮から「ねつ造」との批判があったので、調査委員会は、そう主張する根拠を提示するよう北朝鮮に再三求めたが、回答はなかったそうである。そういう証言や資料から選び抜かれたものが、「報告書」に盛りこまれている。

なお、女性に対する性暴力については、事の性質上、証言と記録が困難であるため部分的なものになっている可能性があると、「報告書」は正直に述べている。

では、「報告書」の記述に入っていこう。若干の解説を加えながら重要な点を紹介する。

幼いときから徹底される思想教育

北朝鮮では、第1章で紹介したように「党の唯一思想体系確立の10大原則」が社会の指導原理とされている（25ページ参照）。「全社会を金日成・金正日主義化するために命をささげて闘争するべきである」（第1条）などの原則が、国民が守るべき最高規範と位置づけられ、幼いころから、この原則が叩き込まれるのである。

その原則を徹底するために、北朝鮮ではすべての家庭には三つの額が飾られていなければならない。金日成の肖像画、金正日の肖像画、そしてこの2人が協議している姿を描いた肖像画である。北朝鮮の人びとは、生まれたときからこれを見て大きくなる。

幼稚園に入ると、最高指導者に対する感謝を表現するスローガン、ポスター、絵画を見せられる。学校に通うようになると、通常の科目に加え、先ほどの10大原則と北朝鮮の革命史、最高指導者の功績と指導について教育される。この分野の成績が振るわない場合、他の科目が良くても罰せられる場合がある。

このような最高指導者に対する忠誠とあわせて、教育の基本テーマとなっているのは、日本、アメリカ、韓国に対する敵意と憎悪を植えつけることである。「明らかに、差別・敵意・暴力の扇動となる国家的憎悪の主張、戦争に向けたプロパガンダに相当するほど」と「報告書」は述べる。国内でこういう体制が維持されていることが対外政策と密接に関係してくるという構造が、ここには見えている。金日成の81年演説が引用されている。

「学校教育によって、反帝国主義教育、米帝国主義と日本軍国主義に対抗する教育を強化していくことが重要である。彼らは朝鮮人民の不倶戴天の敵であり、朝鮮革命において攻撃しなければならない標的である。我々は党員及び勤労人民のあいだでの反帝国主義、反米・反日教育を強化し、彼らが米帝国主義と日本軍国主義に対して不屈の闘いを挑むようにしなければならない。また我々は、人民が韓国の地主、買弁資本家、反動的官僚、反大衆的ファシスト支配体制に対する激しい憎悪を抱き、妥協することなく彼らと戦う精神を持つように教育しなければならない。」

（報告書51ページ）

子どもは幼いころから「生活総括（告白と自己批判）」会議に参加させられる。毎週集まり、順番に、前の週の自分の行動が、主体《チュチェ》思想（金日成が創始した独自思想）と10大原則に沿っていたかを述べなければならない。前の週に失敗していた場合は自己批判を求められる。さらに、「同じグループの仲間の失敗を少なくとも一つ指摘することが期待される」。

放送や出版の自由は存在しない

テレビを購入する人は、当局に登録する。許可されたチャンネルのみを受信し、海外放送を遮断するよう改造されたテレビである。それでも海外放送を受信しようとする人びとがいるので、当局は妨害電波も出している。ただし、妨害電波は電力消費量が大きいため、経済危機にある最近、限界が出てきているそうだ。

テレビとラジオの放送は統制されているが、それ以外に、各家庭には「固定回線」放送の受信設備がある。国外に知らせたくない内容を国民に徹底する際はこれを使う。「犯罪者の詳細、彼らが犯したとされる罪状、科される刑罰」もここで放送される。「他の者が警戒し、同じ罪を犯すことを躊躇」させることが目的である。

禁止された装置を所有していることが見つかった場合、没収され、再教育施設に送られる。公職者は地位を失う。

出版の自由は存在しない。発表される記事はすべて事前に決定され、労働党中央出版放送部によって統制されている。出版放送部は各地域の新聞、放送、雑誌刊行団体に対して「出版報告月次計画」を発行し、すべての団体はこの月次計画に従って作業計画を策定する。具体的に言うと、たとえば政府が草食動物の飼育を増大させるべきであると命令する予定になっていれば、地域レベルに至るまで、あらゆるメディアの内容がこの話題に関連したものになるという。

それだけに、間違いがあると、その責任追及は半端ではない。ある証言が載っている。

「一般の犯罪者は矯正収容所に送られる人もいますが、作家やメディア関係者は1回失言しただけでも、一晩のうちに姿を消してしまう場合があります。家族も一晩のうちに消えてしまうことがありますし、ときには三世代にもわたって消されてしまいます。そのことを知られる人もいますが、体制に背を向けたのだからしかたがないと考えます。皆そのように考えるのです。」（報告書70ページ）

監視システムとしての大衆団体

北朝鮮の人びとに対する監視システムは2種類存在する。大衆団体と地域毎に存在する「人民班」である。

まず大衆団体についていうと、7歳から13歳までの子どもは全員、「朝鮮少年団」に入る。14歳になると「金日成社会主義労働青年同盟」に加入する。30歳までだ。それ以上の年齢になると、職業や婚姻状態に応じて、「朝鮮職業総同盟」、「朝鮮民主女性同盟」、「朝鮮農業勤労者同盟」のメンバーとなる。

このうち一例として、「青年同盟」について紹介すると、メンバーには大別して四つの義務が課される。第1は「金一族を崇拝する」義務、第2は革命的理念で「人民を武装させる」義務、第3は「国家の安全を守る」義務である。そして第4が「社会主義経済を建設する」義務であり、これは「自発的」に部隊を組織し、公共事業として建設や関連作業に従事させられるということである。

これらの活動に参加しないことは選択肢になりにくい。そんなことをすると、国家への忠誠心が弱いとみなされ、「人物調査書に汚点が残ってしまうから」である。すべての北朝鮮市民は身分証明書を発行され、常に身につけていなければならないが、「国家が管理する各個人に関する記録システムがあり、これが社会のなかで成功し昇進していく能力に直接的な影響力」を持っているのである。

隣人に対するスパイ行為を強いる人民班

人民班は、約20戸から40戸で構成され、相互に監視活動を行う。戦中の1940年に日本で制度化された「隣組《となりぐみ》」のようなものといえば理解できるだろうか。

班長は地元の党委員会に任命される。住民の登録、その活動の監視、イデオロギー教育の実施、各種キャンペーンへの人々の動員が日常の仕事である。班長は、「昼夜問わずいつでも家庭訪問を行う権限を有し、未申告の来客や不倫行為が行われていないかを確認し、これらを治安組織に報告して処置を求める」とされる。「村民が秘密捜査員から隣人に対するスパイ行為を命じられることもある」そうだ。

外部から不審な人間がやってこないかということも、人民班が調べる対象である。村や町へ旅行者が到着すれば、人民班に報告しなければならない。申告されていない訪問者がないかどうか監視するのである。スパイ活動について以下のような記述もある。

ある証人によれば、北朝鮮では、低い「成分」に属する人々はお互いに監視することを求められる。彼女の父親は党員になることができなかった。それにも関わらず彼（父親——筆者補足）は国家安全保衛部のスパイとして働くことを強要され、友人の日本人妻を探ることになった。国家安全保衛部が、彼女の受け取っている手紙について詳しく知りたがったからである。

（報告書73ページ）

「報告書」には、ここに書かれているような「日本人妻」に関連する記述も少なくない。「低い『成分』」とは何かについては後述する。

日本からの帰還者がたどった末路

ある日本からの帰還者は、到着したとたん、北朝鮮から離れることを禁じられた。日本の親族に手紙を出し、送金を求めることは許されが、手紙にはつねに「金日成のおかげで幸せに暮らしている」と書くことを求められた。

当初、日本からの送金は貴重な外貨だったため、日本人は重用されたという側面もあると指摘されている。賃金が高いとか、食糧配給で優遇されるなどである。日本からの送金が途絶えがちになると、帰還者の特権もなくなっていく。

しかし、日本人であることは、基本的には差別の対象であった。脱北したある日本人妻は、東京で開かれた公聴会で以下のように証言した。

「1970年代には、日本語で話すこと、歌うこと、日本語を使うことも処罰の対象でした。(中略) 70年代から80年代にかけては、多くの人が罪を犯したのではなく、しかし何ら理由なく姿を消したのです。これは北朝鮮ではごく普通のことでした。」
(報告書94ページ)

別の帰還者の証言によると、その父が何の警告もなくいきなり政治犯として投獄されたので、理由を問い合わせ続けた。

その結果、父親は、「日本では、鉄道は時速200キロで移動するが、ここでは時速40キロしか出ない。北朝鮮は日本を凌ぐ成長を果たすと言っているが、私はそれには懐疑的だ」と言ったため、金日成に対する不敬が問題になったということがわかった。北朝鮮憲法は言論の自由を保証すると書いていると反論したところ、「言論の自由は政権への中傷には適用されない」というのが回答であった。父親は収容所で亡くなった。

国境を越えることは大罪

北朝鮮では国内を移動する自由がない。ましてや自国を離れる権利はない。自国を離れるためには、死を覚悟で中国との国境を越えるしかないのである。

北朝鮮の刑法（233条）では、いかなる国境越えも違法とされ、2年以下の短期間の矯正労働が科されることになっており、重大な場合は5年までの矯正労働が求められる。しかし実際に適用されるのは、刑法のこの条項ではなく、「逃亡による父なる国への反逆」（62条）である。この場合、矯正労働の期間が最低で5年となる。

さらに、「反政府、あるいは反人民の罪」という、正確には定義もされていない罪が科されることがあり、実際、2010年には逃亡を「国家に対する反逆罪」とする法令が発効したとされる。脱北したあと、キリスト教徒や韓国、アメリカの国民と接触した場合が対象とされる。

それでも、韓国の公式統計では、脱北して韓国に住んでいる人は2万6028人（13年11月現在）いる。国境を越えて中国にそのまま住んでいる人の数は正確にはわからない。5万人とも数千人とも言われる。

脱北を阻止するため、北朝鮮は、中国から強制送還された人を拷問するなど、非人間的な取り扱いをしている。1993年に強制送還されたある家族について、次のような記述がある。


家族全員が手錠をつけて町中を歩かされた。それから父と母は鼻に突き通された輪でもって牛のように引きずりまわされた。町中が、調査委員会に話した証人もふくめ、（彼は当時13歳であったが）その残酷な見世物を強制的に見させられた。見物人はその犠牲者たちをののしり、石を投げた。その証人は家族がどうなったか知らない。

（報告書130ページ）

送還された女性の強制堕胎や乳児殺し

「報告書」によると、脱北者は、三つに分類される。

第1のグループは、「北朝鮮に戻るつもりで、食糧のためにのみ、国境を越えた人たち」だ。この場合も、3カ月から6カ月、矯正労働を科される。

第2のグループは、「大韓民国に行き着こうという意図をもって、北朝鮮を出た人たち」だ。彼らは普通の刑務所（教化所）に送られる。

第3のグループは、「大韓民国に行こうという意図をもって、北朝鮮を出た人たち」という点では第2グループと同じだが、その手段として韓国やキリスト教徒の支援ネットワークを使った人たちだ。彼らは政治犯収容所（管理所）に送られる。

送還される脱北者のうち、妊娠している女性、あるいは出産した母親と子どもに対しては、特別な仕打ちが待っている。堕胎や乳児殺しが強制されるのである。妊婦がどんなに懇願しても、堕胎は無理矢理に実施される。乳児殺しは出生後すぐに実施される。妊娠後期で、子どもが生きて生まれた場合は、まさに直ちにである。

なぜそんなことになるのか。「報告書」は見解を明らかにしていないが、証人が「民族的に混血の子ども——特に中国人を父親とする子どもたち——に対する北朝鮮の侮蔑が強制堕胎や乳児殺しを推進したと指摘」したことを紹介している。また、「二次的情報源や証人の証言」として、「北朝鮮は『生粋《きっすい》の朝鮮民族』への隠れた信望があり、民族的混血（少数民族）の子どもたちは、『純粋さ』が汚されていると考えられた」とも指摘している。

恣意的逮捕と拷問

膨大な数の人びとを収監する政治犯収容所があること、犯罪を犯したとされる者が逮捕され、起訴され、収容所に入れられる過程は、北朝鮮の人権問題の深刻さを象徴的にあらわすものである。順番に見てみよう。

韓国の大韓弁護士協会は２０１２年、北朝鮮の抑留および裁判実態の調査をしたとされる。その調査によると、逮捕された時点で抑留の根拠を示す逮捕状その他の文書を提示されたのは回答者のうちわずか18・1％だった。ほとんどの者は逮捕理由を告知されていないのである。文書で提示されないだけでなく、口頭でも告知されないことが少なくないという。

こうやって逮捕された者は、厳しい拷問を覚悟しなければならない。とりわけ、「反国家および反人民犯罪」の取り締まりの中心機関である国家安全保衛部の拘置所では、被疑者の取り扱いは特に残忍かつ非人間的であるとされる。

「報告書」は、スパイ容疑で逮捕されたジョン・カンギルという人が、次のような取り扱いをうけたことを記述している。少し長いが引用しておく。

ジョン・カンギル氏は会寧《フェリョン》（咸鏡北道《ハムギョンブク》）の国家安全保衛部の地下取調所に拘禁された。韓国の国民と取引会《マ》った《マ》ことによる韓国スパイ容疑であった。拘禁されていた10ヶ月間、ジョン氏はほとんど食べ物を与えられず、体重は75キロから36キロに落ちた。

自白を引き出すため、ジョン氏は上下逆さ吊りにされて棍棒で殴打された。調査委員会が聞き取り調査を行った他の多数の証人と同様、ジョン氏もいわゆる「鳩拷問」にかけられた。「後ろ手にされた両手に手錠をかけられ、立ったり座ったりできないように吊られた」とジョン氏は述べている。ジョン氏は鳩拷問のつらい姿勢のまま3日連続で過ごさなければならないことが何度もあり、激痛に苦しんだ。

「見張っている者はいない。誰もいない。そして、立つことができない。眠ることもできない。こんな状態で3日、4日も吊られていると大小便を失禁する。不潔きわまりない……「鳩拷問は」拷問の中でも一番つらかった。あまりの辛さに死んだほうがましだと思った」。ジョン氏は国家安全保衛部の検察官に対し、虚偽の自白をするまで拷問されてしまうと訴えたが、とりあわれなかった。

「検察官は助けてくれると思ったが、検察官が立ち去った後に取調官が戻ってきて私を殴打し、逆さ吊りにした。翌日、その検察官がやって来て『正直に言う気になったか？』と聞いた。私は『はい、私はスパイです』と自白した」。

（報告書246〜247ページ）

「報告書」によると、政治犯を対象とする国家安全保衛部が取り扱う事件では、重大であればあるほど、裁判などの司法的な手続をとることなく、法律外で処理される率が高くなる。そして、国家安全保衛部が重大な罪であると判断すると、失踪を装って政治犯収容所に送られるか、「簡易処刑」が行われる。つまり、その決定に裁判所は関与していないということである。これは北朝鮮の刑事訴訟法にも違反する措置である。

政治犯収容所の全容

こうやって政治犯が送られる収容所はどんなものか。公式には存在しないことになっているが、元収容者や看守など、多くの人が証言をした。

収容所は、1950年代後半に開設され、現在も存在している。大規模な収容所は4カ所ある。そのうち、「第25収容所」の特徴について、「報告書」は以下のように語る。

第25政治犯収容所と呼ばれることが多い抑留施設は咸鏡北道《ハムギョンブク》清津《チョンジン》市のそばにある。第14、15、16政治犯収容所はそれぞれに数万人の収容者がいたが、第25収容所は数千人であった。また、他の収容所とは異なり、警備が最高度に厳重であり、主要棟は高い壁に囲まれている。収容者たちは、政治的理由により裁判なしで終身刑とされており、そのため、第25収容所は政治犯収容所であると判断される。近年、第25収容所は拡張された。2006年と比較して敷地面積がほぼ倍増し、980平方キロメートルになっている。（報告書257ページ）

どれだけの人が収容されているのか。問題の性格上、正確な数を知ることはできない。82年、韓国国家情報局は、収容者数を10万5000人とする推定を公表した。その後、非政府組織が、衛星画像および元看守、収容者の証言にもとづいて推定を補強したが、それによると90年代から2000年代の初めの収容者数は、15万人から20万人とされる。収容者は減少傾向にあると、ここ数年指摘されている。韓国統一研究院の推定では、現在の政治犯収容所の収容者数は、8万人から12万人とされている。

収容者数の減少は、ある程度は収容者が釈放されている現実の反映であるようだ。しかし、「報告書」が「これと同程度に重要な要素」として指摘するのは、「新規収容者の数が、飢餓、放置、苛酷な強制労働、疾患、処刑により死亡する収容者の数を下回っているということを意味するだけ」ということである。

収容者の特徴として特筆されるのは、「階級の敵」とされた者の粛清が、その孫にまで及ぶことである。稀なことではあるが、収容者が子を産むようなことがあると、その子も収容され続けた。「階級の敵と派閥主義者（徒党を組んで指導者に反抗する者――引用者注）は、誰であれ、3世代にわたってその芽を摘んでおかねばならない」というのが、金日成の指示であった。

恐怖による支配のための公開処刑

収容所に入れられないまま処刑される者もいる。しかもその処刑は、政治犯の場合、公開処刑となることがある。

「北朝鮮ではほぼすべての国民が処刑を目撃している」とされる。なぜなら、処刑が公開の場所で行われるからだ。それだけではない。「多くの場合、処刑が執行される地域の全住民が、子どもを含め、立ち会いを強制される」。スタジアムや大きなホールで、選ばれた者の面前で執行されることもあるそうだ。

北朝鮮は、国連人権委員会の問い合わせに対して、1998年から2001年の死刑は13件のみであり、最後の公開処刑は92年10月だったと述べている（01年10月の回答）。一方、韓国統一研究院は、脱北者の証言にもとづき、05年から12年の公開処刑件数を510件と公表している。「実際はもっと多いと思われる」と「報告書」は述べている。

処刑の方法としては、銃殺が通常とされるが、絞首も例外的に行われる。最近、自動小銃による処刑が増えており、「処刑の恐怖感を高めることが目的」と思われている。「特に子どもや犠牲者の家族にとって、このような殺害現場を見たという経験は恐怖に満ちて」いる。

ただしこの間、公開処刑の報告は減少している。「苦難の行軍」が終わって以降、社会に少し余裕ができたからだと思われている。しかし、公開処刑が廃止されることはなかった。北朝鮮政府は、国連人権理事会に対する09年12月の報告のなかでも、きわめて残虐な犯罪に対して公開処刑をしていることを隠さなかった。その後も公開処刑が行われていることを、「報告書」は記述している。

いまも続く食糧危機と国民の飢え

以上はいわゆる政治的権利の侵害だが、「報告書」はさらに、経済的権利の侵害も等しく重大であるとする。

その代表格が「苦難の行軍」であった。「報告書」はその当時の問題の深刻さを指摘している。

少なくとも何十万もの無辜の人々が国際人権法の大規模な侵害のゆえに死んだ。更に、苦しみは死んだ者たちだけに限らず、何百万人もの生き残った人々にも及ぶ。彼らが経験した飢えと栄養失調は、長く続く肉体的精神的苦痛をもたらした。（報告書234ページ）

北朝鮮でも、70年代までは、食料配給は標準的な成人の必要量を満たしていたという。しかしこれが87年から減少しはじめた。北朝鮮政府は91年から「1日2食」キャンペーンを行っているので、80年代末には飢饉が生じていたというのが、「報告書」の見方である。北朝鮮は95年の洪水が基本的な原因と主張しているが、それ以前から飢饉は存在していたということだ。

北朝鮮政府は96年初頭、食糧配給を翌年5月まで停止すると公式発表した。96年、国民の30％が野山に自生する食べ物で餓えをしのいでいたとされる。

そして現在もなお、北朝鮮の食糧危機は解決していない。国連食糧農業機関（FAO）によれば、北朝鮮の人びとの栄養失調は、2000年から02年では840万人（全人口の36・6％）、05年から07年では860万人（同36％）、08年から10年では970万人（同40・2％）と増え続けた。自然発生的に市場経済が広がるなかで、その後は解決に向かうが、それでも11年から13年で760万人（同30・9％）とされる。

問題は、このような食糧危機を引き起こした原因、仕組みである。北朝鮮政府は09年、国連人権理事会に提出した報告において、その原因を述べている。そこでは、90年代初頭の社会主義の崩壊、巨額の金融・経済的損失をあげつつ、基本的な原因は「90年代半ばに始まった連続的自然災害による生産資源の枯渇」だとした。

しかし、「報告書」の見解は異なる。とくに強調されている大きな原因は、わずかな食糧を差別的に配分したことである。食糧危機以前にも差別はあった。たとえば、毎日の配給量は、一般の労働者は1日600グラムだが、兵士などは800グラムであった。しかし、食糧が不足するようになると、当局は国民にさらに優先順位をつけた。次のような記述がある。

政治体制を維持し、現体制にとって重要だとみなされる人に対しては、消耗品とみなされる人を犠牲にして優先的に支出した。複数の証言により、食料は、朝鮮労働党、重要な産業、軍・安全保障分野における重要な幹部、首都平壌の住民に対して優先的に流したことが確認できる。食料割り当ては、量だけではなく、コメのように人気のある穀類の割合が高いといったように、質においても違いがあった。

（報告書198ページ）

さらに北朝鮮政府は、食糧事情の悪化を認識していたのに、打てる手さえ打たなかった。いくつかのことが指摘されている。

たとえば、飢餓の実態を国民に対して隠したことである。そのことは、北朝鮮の国民が自分の手で対処する仕組みをつくることを妨げた。死亡者の多くは自宅で亡くなったとされるが、それは国家による配給制度の再開を待っていたためだとされる。

情報の隠ぺいは、国際的な支援の遅れももたらした。北朝鮮政府は、国際的な食糧危機の報道に対して、「北朝鮮の社会主義のイメージを貶める邪《よこしま》なたくらみ」と批判し、戦略物資として穀物在庫は大量にあると述べたりしたため、食糧NGOなどが支援に入るのを躊躇したのである。

さらに、すでに紹介したことだが、NGOが入るようになってからも、当局による妨害は続いた。NGOが特定の地域に入るのを妨害したり、特別に必要な人に食糧を配っても、それが軍に回されたことなどである。

90年代に北朝鮮で人道支援を開始したNGOは、98年から2000年の間に活動を停止することになる。その理由について、国境なき医師団の研究部長フィオナ・テリー氏は、次のように述べた（02年）。

> 今日の北朝鮮には人道が入り込む余地はなく、国に入ってきた食料援助が動きの遅い飢饉を和らげるのに役立っているのか、それともこの世で最初のスターリン主義の独裁制の政治計画を維持しているのかを知ることが出来なくなっている。北朝鮮に向けた支援の「人道的」性質をその意図または手法の中で守ることも難しい。
> （報告書220ページ）

義務を果たす能力も意思もない国家

このように、北朝鮮の何十万人もの餓死者は、単に「洪水」が原因で生まれたのではない。北朝鮮政府の作為と不作為が重要な原因なのである。

「報告書」は、「国家に義務を果たす能力がないことと、国家に義務を果たす意思がないことをはっきりと区別すること」を強調している。北朝鮮の場合、国民に食糧を行き渡らせる農業政策を進める能力が欠けていたことは事実である。しかし同時に、「報告書」が強調しているのは、北朝鮮政府には国民に食糧を与える「意思」さえ欠落していたのではないかということだ。あるいは、食糧を与えて生き延びさせる人びとと、食糧を与えないで飢餓に至らせる人びとを、政府の基本政策として区別しているのではないかということである。

90年代半ば、国家による食糧配給が途絶えるなかで、新しい解決方法を見つけることが求められていた。とりわけ国民がやむにやまれず市場で食糧を手に入れるようになった状況で、それをどう促進するかが焦点であった。しかし、金正日は96年12月、平壌にある金日成総合大学で行われたスピーチで、次のように述べて改革を拒否する。

社会主義国では、食料問題は社会主義的手段によって解決されなければならない。党が食料問題の解決を人民の手に委ねれば、農民と商人だけが繁栄するだろう。その結果、エゴイズムが生じ、階級のない社会の秩序は崩壊する。そうなると党は民衆という母体を失い、ポーランドやチェコスロバキアのような崩壊を体験するだろう。

（報告書207ページ）

問題の解決を「人民の手に委ねれば」体制が崩壊するから、従来型の政策を維持するというのである。人民の利益よりも支配体制の維持が大事だというのである。

3――ポリティサイド国家はこうして生まれた

北朝鮮で重大な人権侵害が広範囲に行われていることを見てきた。大事なことは、それらの人権侵害が個々ばらばらに遂行されているのではなく、金一族の支配を維持し、確固たるものにするという目的のもとに、系統的に行われていることである。それは歴史的に形成されてきたものであった。

住民を三つの階層に分ける「成分制度」

北朝鮮では、戦後早くから権力を掌握した金日成が、政治的ライバルを特定し、排除するというやり方をとっていた。ただし、ある時期まで、排除の対象は地主、キリスト教徒、金日成の政治的ライバルに限定されていた。

1957年5月30日、朝鮮労働党中央常任委員会は、「反革命分子との戦いの全人民・全党的運動への転換について」という決議を採択したが、これが転換点となった。これは、北朝鮮のすべての成人の政治的背景を評価しようとするもので、「成分制度」と呼ばれている。

住民は三つの階層に分けられた。核心階層、動揺階層、敵対階層である。最も上位に位置づけられる「核心」階層は、金日成とともに抗日戦争を戦ったグループ（その後、ほとんどが追放されたが）であり、最も下位の「敵対」階層は、かつての裕福な実業家、スパイとされた者、カトリック教徒と仏教徒で、それ以外が「動揺」階層を構成した。

当時の北朝鮮の閣僚がソ連外交官に語ったところによれば、58年から59年に「敵対的・反動的分子」として摘発された人びとは10万人に達したという。生き残った者についても、政令149号により、居住可能な地域が、生活条件の厳しい遠隔地に指定された。

核心階層に属した人びとも、その後、多くは追放されることになるのだが、住民をこうして区分けするという思想はずっと一貫している。09年の調査では、核心階層が28％、動揺階層が27％、敵対階層が45％になっていると推察される。

その後、この三つがさらに細分化され、住民は51に分類されているという。なお、この制度は公式に法で定められてはいない。

「報告書」は、現在の成分制度を以下のように特徴づけている。

- 家庭環境及び家族による特定の行動を参照することにより確認される、体制に対する政治的な忠誠とされるものにもとづいて分類する。
- 住居、職業、食糧・医療・教育その他のサービスに対するアクセスは、成分次第で決まってくる。
- （成分は変化するが）その判定について異議申し立てできない。
- 主として父系によって継承されていく。
- 軍への入隊、大学入学、労働党への入党は成分が高いかどうかで決まる。政治的忠誠は、成分をあげる役には立たない。

この成分は総合的な住民登録制度に記録されている。何が記録されているのか。

行政上、「成分」制度は、北朝鮮の市民及びその家族全員について注意深く記録された情報にもとづいている。国家当局は、17歳以上の市民全員について包括的な住民台帳を確立している。この台帳には、家系図、思想的な健全性と政治的な忠誠心などを含む経歴が記載されており、これらは、職場における行動などさまざまな状況での当人の振る舞いや、毎週行われる「生活総括（告白と自己批判）」（116ページ参照）を通じて確認されている。

収集される情報には、スキルや才能、野心、健康状態、金日成・金正日の肖像画の煤払いや金親子の廟《びょう》への礼拝、革命史の学習の継続、建設プロジェクトにおける労務実践の際に示す熱意などが含まれている。

（報告書90ページ）

こうして、金一族の支配を支える核心階層には手厚い保護が与えられ（支えているとみなされている限りだが）、敵対階層は差別される。敵対階層からの収奪で核心階層を潤しているといってもいいだろうか。それが如実にあらわれたのが、大規模な飢餓が発生した「苦難の行軍」であった。

三つの分野での「人道に対する犯罪」

「報告書」は、以上のような事実認定の上に、結局、北朝鮮の人権問題をどう結論づけるのかという問題に考察を進める。

その結論は、北朝鮮では「人道に対する犯罪」が犯されている、というものである。

北朝鮮における人権侵害は、誰が見ても「人道的に許されないことだ」と理解できるが、国際政治の場で使われる「人道に対する犯罪」は特別に重い意味を持つ。第二次大戦まではそういう犯罪類型は存在していなかったが、戦後、ナチスによるユダヤ人虐殺を裁くにあたり、新しくつくられた概念だからである。平時において、自国民のなかの特定の民族（ユダヤ人）のジェノサイド（抹殺）を意図し、それを計画的に実行するなどということは、それまで誰も考えつかなかった犯罪であり、当時存在したどんな国際法、国内法でも裁けなかったのである。

戦後、「人道に対する犯罪」の概念は発展する。ジェノサイドも、特定の民族集団だけでなく、宗教集団などの抹殺にも適用されるようになる。基本的には国家の指導者である加害者が、非人道的な行為を行うという意図、目的を持って、住民に対して行う広範で組織的な攻撃（武力を使わないでも攻撃に当たるものはある）の一部を形成していれば、それは人道に対する犯罪とみなされるようになった。「報告書」は、北朝鮮では以下の三つの分野で人道に対する犯罪が犯されているとする。

- 北朝鮮は、北朝鮮の政治体制及び指導部にとって脅威となるとみなされた者に対し、組織的かつ広範な攻撃を行っている。政治犯収容所及び一般収容所組織の収容者、北朝鮮から逃亡しようとした者、国家転覆の影響を及ぼすとみなされた宗教信者及びその他の者を対象とした人道に対する犯罪は、すべて当該攻撃の一部を形成する。
- 北朝鮮は、政治体制及びその指導部を維持する目的で、故意に飢餓状態を悪化させ、多数の無辜の一般市民の生命を犠牲にすることにより、一般国民に対する組織的かつ広範な攻撃を先導してきた。

・北朝鮮は、北朝鮮の向上のための労働力及び技術力を獲得し、朝鮮半島の覇権闘争において北朝鮮を強化する目的で、組織的かつ広範な方法で多数の外国人の拉致及び強制失踪を行った。
（報告書368ページ）

このうち、最初の区分に属する強制収容所における扱い、次の区分の飢餓の問題で、なぜこれが「人道に対する犯罪」とみなされたのかを見てみよう。拉致問題は最後の章でまとめて論じる。

大量死を意図した政治犯収容所

政治犯収容所で大量の人びとが亡くなった。毎年数千人が死亡し、合計で数十万人だというのが「報告書」の見解であるが、これは、国家的な食糧の不足などの影響で生まれているものではなく、「意図」されたものである。

・北朝鮮の政治犯収容所に関する調査委員会の事実認定は、絶滅させる行為の定義に合致する。
・調査委員会は、政治犯収容所の生活条件を、大量死をもたらすよう計算されているものと認定する。
・政治犯収容所の運営当局は、自然な成り行きにおいて大量死が引き起こされることを認識している。元看守及び収容者により調査委員会に提供された情報から、政治犯収容所は、多くの収容者を死に至るまで働かせることによって、収容所の全住民を徐々に抹殺する目的を有していることが示唆される。政治犯収容所の元看守アン・ミョンチョル氏が述べたように、政治犯収容所の収容者は、「過酷な労働から収容所内で死亡することが予期されている」。これは、金日成が発し、収容所職員に指導される、階級の敵と派閥主義者は3代にわたり抹殺されねばならない、とする命令と合致する。

・政治犯収容所は、中央の政治的目的を成し遂げるため、つまり、徒党を組む人や階級の敵の3世代を除去するために、設立された。看守やほかの収容所の当局者は、これが、金日成自身によって決められた、収容所の目的であると指示されている。

（報告書373〜377ページより抜粋）

国民を飢えさせても支配者を守る

次に飢餓の問題だ。「報告書」は、この飢餓も、根本的な原因は国家の政策にあるのだから、「人道に対する犯罪」であるとする。そして、犯罪を引き起こした国家政策の内容の多くは是正されたものの、なお犯罪につながる要素は残っているとする。

北朝鮮の最高指導者は、多数の死者を出すことが政策の目的ではなかったと言うだろう。そういう意図はなかったと。実際、意図せずして遂行された無謀な政策によって、多数の死者が生まれることもあり、そういう場合、人道に対する犯罪にはあたらないというのが、「報告書」の考えである。

しかし、「加害者が計画的に、またこのような状況下では自然の成り行きで大量の死者が出るだろうと自覚しながらも、人々に必要な食糧を与えない、というだけでも十分虐殺行為とみなすことができる」のだ。

90年代の「苦難の行軍」の際、北朝鮮政府は、このままでは大量の餓死者が出ることを自覚していたはずである。それにもかかわらず、政府は、飢餓など起きていないという虚偽の情報を国際社会に流していた。ようやく国際ＮＧＯが支援するようになっても、北朝鮮政府は食糧が必要な人びとに届くのを妨害した。

とりわけ、「敵対階層」が追いやられている北西部は、配給制度の廃止で悲惨な結果になった。「報告書」は述べる。

北西部のこれらの地域では何十万人もの人々が餓えに苦しんでいるにもかかわらず、支援団体は同地域への立ち入りを拒否された。調査委員会は、入手可能な食料は政治的により価値のある平壌市民や朝鮮労働党の幹部、治安組織の上流階級などに優先的に流されていたという情報を入手した。国際食料援助の大部分は、もっとも必要とする人々に行き渡らずに、支配層の利益となった。（中略）北朝鮮当局はこのような資源分配は一般市民に危害を及ぼすということを認識していた。しかし北朝鮮政府の政治体制と指導部を支える支配層と天秤にかければ、一部の国民は犠牲にしてもよいとされていたのである。

（報告書393ページ）

国民を無力化する抑圧体制

「報告書」は、北朝鮮の最高指導部のこうした犯罪をどう位置づけるかを論じている。そのなかで、これがジェノサイド（genocide＝集団殺害罪）に当たるかどうかの判断は、慎重に避けている。ジェノサイドとは民族や宗教、人種にもとづく特定集団の抹殺を意味するもので、それとは対象集団の性格が違うからである。

しかし同時に、ジェノサイドに当たるかどうかは留保しつつ、ポリティサイド（politicide）と表現する可能性に言及しているのは、本質を言い表しているように思う。「政治的な集団殺害罪」とでも訳せばいいのだろうか。

政敵を排除し、殺害する政権は昔もいまも多く存在するが、政治的反対者であるという疑惑を持たれた者と、その予備軍、子や孫に至るまでの抹殺を意図し、遂行しているような政権はこれまで存在したことがなかったであろう。ある集団（この場合は政治的反対者）とその予備軍まで抹殺する点では、ジェノサイドと同じ思想に立っている。

筆者は以前、北朝鮮を外から見ていて、「なぜ人びとは批判の声をあげないのだろう」と不思議に思うことがあった。しかし、「報告書」の記述を読んでいると、「これでは自分が北朝鮮にいても無理だ」と納得してしまう。

生まれたときから体制賛美をすり込まれていたとしても、少なくない人は長じるにつれ疑問を持つに違いない。けれども、先に紹介したが、「報告書」の結論で「国民を脅し屈服させる究極の手段は、公開処刑や政治犯収容所による強制失踪である」とされているように、国民のほとんどが公開処刑を目にするのである（本書108ページ参照）。

政治犯収容所に入れられているのが国民の200人に1人だから、誰もが身近な知人や友人が収容され、帰ってこないということを見聞きする。少しでも反抗的なことを言うだけで（あるいはそう誤解されるだけで）、自分もまた帰還の見込みのない収容所に入れられると自覚せざるを得ないだろう。

おそらく、これほど人権抑圧が内在化し、国民が自力で克服することを不可能にするような体制は、世界の歴史で存在したことがなかったであろう。北朝鮮はナチスよりまだましと言える人は、そう多くないのではないだろうか。

4──「体制を保証してはならない」という勧告

人道犯罪の首謀者を制裁せよ

この体制が変わらないまま、北朝鮮が平和を志向し、非核化に前向きになることはない。「報告書」は結論として何を勧告しているだろうか。

北朝鮮は人権侵害と人道に対する犯罪の遂行が組織的な枠組みの中に深く根付いている国家だと考える。国家安全保衛部、人民保安省、朝鮮人民軍、検察局、裁判所および朝鮮労働党が人権侵害および人道に対する犯罪に携わっている。これらの人々は、朝鮮労働党、国防委員会および北朝鮮最高指導者の主導による効率的な統制の下、行為を行っている。

（報告書411ページ）

これが「報告書」の示すものだ。北朝鮮における人道に対する犯罪の遂行は、国家の枠組みのなかに深く根付いているというのである。それを最高指導者が主導しているというのである。

その上で、「報告書」は北朝鮮をどうすべきかを勧告するのだが、その前提としての大きな特徴は、国連の報告書でありながら、国連安保理を痛烈に批判していることである。批判のポイントは二つある。

一つは、安保理が北朝鮮の核問題ばかりに目を奪われ、人道犯罪をどう防いでいくかということに無関心であるとの批判だ。「(北朝鮮)国内の人権状況を有意義に改善することが、好戦的な対外姿勢を取るという北朝鮮の傾向を軽減させるということを完全には正しく理解しないまま」、対応を「核不拡散と軍事紛争の問題に限定してきた」ことを問題にしているのである。ナチスによる人道犯罪を放置したことが第二次大戦につながったという歴史の教訓、それが国連の基本的任務として人権保障を位置づけることになった経緯を思えば、当然の指摘だろう。

もう一つは、安保理による経済制裁が、「北朝鮮国民、あるいは北朝鮮経済全体を標的としたもの」ものになっていないかという批判である。そういうものであれば「制裁を支持しない」というのが「報告書」の立場である。制裁はあくまで「人道に対する犯罪の首謀者」に絞るべきだというのだ。

抜本的な制度改革を行え

人道犯罪を生む北朝鮮の政治をどう改革すべきかという点で、「報告書」は19項目を勧告している。どれも首肯しうるものだと感じる。おもなものをあげてみよう。

- 「最高指導者と朝鮮労働党の権力の上に、真のチェック・アンド・バランスを導入」すること。具体的には、独立した公正な司法、多党政治システム、自由選挙による議会などが含まれる。北朝鮮人民軍の任務は自国防衛に限定し、人道犯罪に関わる部門は国家安全保衛部などとともに解体することも提言されている。
- 政治犯収容所の存在を認め、支援団体などとの面会を許可すること。最終的にはそれを解体し、政治犯を釈放すること。
- 政治犯をつくりだす法の手続の抜本的改革も急務である。定義があいまいな「反国家罪」や「反人民罪」は廃止しなければならないし、訴追された者は公正な裁判を受けられるようにすべきだし、尋問の手段として拷問を廃止することも当然のことである。死刑の判決や執行を即時中止し、やがては死刑制度を廃止することも必要である。
- 政府から独立した新聞社、メディアの創設を許可すべきである。国民が他国の文化を含め、インターネットやソーシャルメディア、国際通信、出版物を自由に利用できるようにしなければならない。戦争を賛美するプロパガンダや教育は廃止対象である。

（報告書420ページ）

他にも多くの項目が続くが、これらは非核化とバーターされる「体制保証」とどのような関係にあるだろうか。

体制の抜本的な改革であり、体制保証といろいろ矛盾するものであることは明白であるが、もし金正恩がみずからの政権下でこれを成し遂げられるなら、体制は保証されるのだろうか。非核化を進める上で不可欠な改革でもあり、米朝合意を促進するという立場から見ても、無視していい話ではないだろう。

最高指導者は責任を逃れられない

しかし重要なのは、「報告書」が金正恩の体制保証をしないと明確に述べていることである。安保理に対して、金正恩をはじめ人道に対する犯罪を犯した者を特定し、国際刑事裁判所に訴追するか、特別の法廷を設置することを求めているのである。

ここまで紹介してきた北朝鮮の実態からして、国家の最高指導者が人道に対する罪と無縁だと考える人はいないだろう。いや、最高指導者にこそ責任があると、誰もが捉えているだろう。

「報告書」も同じ立場である。この間、金正恩に対して手紙を出し、この「報告書」の内容を伝えるとともに、「軍司令官および文民の上司は、その実質的な統制下にある者によって行われた人道に対する犯罪を（金正恩が）防止、抑制しなかったことについて、個人的な刑事責任を負うことがある」として、「注意を喚起」したそうである。

南アフリカでは、アパルトヘイトに関わった者が罪を認め、真実を告白するなら刑事訴追しないことにされた。その後も、同じような方式で問題を解決した国も少なくない。「報告書」も、「実行した犯罪にどのように関与したかに関する事実をすべて話すことと引き換えに訴追を免れることができる真実和解制度の選択肢を検討した」とする。北朝鮮でこの方式を適用できるか検討をしたのである。

しかし、その上で、人道に対する犯罪は金正恩政権下の現在も続いていることなどから（アパルトヘイトは白人政権下で廃止された）、以下のように述べて、この方式を否定することになる。

調査委員会はこのようなアプローチは人道に対する犯罪が絶えず行われている状況には著しく不適切であると見なした。これほどに重大な犯罪の主犯に対する恩赦もまた、被害者及びその家族への侮辱となる。さらに、刑事責任が課せられることによって期待される将来の犯罪の抑止効果も失われることになる。調査委員会はまた、人道に対する犯罪、特にかかる犯罪に最も責任を有する者に対する恩赦は、もはや国際法によって容認されなくなる旨留意する。

（報告書415ページ）

北朝鮮の政治体制は、このまま保証されていいものではない。それは人道に対する犯罪を容認することになり、被害者と家族への侮辱となる。だから金正恩は訴追されるべきなのである。しかも、北朝鮮の政治体制が改革されない限り、北朝鮮が戦争への衝動から解放されることもないし、非核化を心の底から望むこともない。これが「報告書」の見地だといえよう。

けれども、その体制を保証しようというのが、94年枠組み合意以来、北朝鮮の非核化のために国際社会が追求しようとしてきたことでもある。米朝首脳会談の合意もそれを求めている。

その深いジレンマはどうやったら解決するのか。ようやく最後の結論に入る。

第4章

日本は「戦略的虚構」による解決をめざせ

ジレンマの克服

平壌——2002年9月17日

百花園迎賓館

小泉純一郎「貴国は、戦争準備をやめて経済発展に力を入れるべきだ。そのためにも核問題について約束を守っていくことが大切だ」

金正日《キム・ジョンイル》「核の問題は、朝米の問題だ。日本と話す問題ではない。米国は約束を守らない。米国が朝鮮と関係改善しようという意思は1％もないのではないか。わが国を『悪の枢軸』と言った。戦争か、話し合いか。われわれは実際に戦ってみないといけないと思っている。しかし、常に門戸も開いている。日本は、米国の同盟国だ。米国ともっとも信頼関係のあるアジアの国だ。日本のリーダーである小泉総理に、問題解決のために努力してもらいたい」

小泉「アメリカからは私の訪朝について懸念する声もあった。しかし、米朝関係が緊迫しているからこそ、日本がやるべきことがあると考えている。それをやるためにも、日本にとっていちばん大事なのは拉致問題の解決だが、それはどうなっているのか」

金正日「朝日関係を正常化する上で解決すべき基本問題は過去の清算だ。日本側の真剣な対応を望む。日本側が提起した問題だが、行方不明者のうち8人が死亡したが、5人が生存していることを確認した」

小泉「とんでもないことだ。行方不明ということで片付けられては困る。貴国がやったことだろう」

金正日「特殊機関内の一部の者が英雄主義に陥ってついやったことだ。自分としては、この場で遺憾なことであったとおわびしたい。このようなことが二度と起きることがないように適切な措置を取ることとする」

＊——各種の報道・情報にもとづいて筆者が想像した会話。

直後の「三階書記室」（**労働党委員長書記の部屋**）

姜錫柱《カン・ソクジュ》第一外務次官「小泉の平壌《ピョンヤン》訪問を前にして、会談内容をめぐり、何回か協議したが意見がまとまらない部分があった。小泉は日本人の拉致問題の解決なしには、一歩も前に進めないという立場にこだわった。この問題でわれわれが譲歩すれば、日本側も譲歩するという説明を受けた。金正日総書記は、会談前には、自分から拉致問題に言及することは避け、会談の合意文にそれとなく拉致問題を書き込む妥協案を胸に抱いていたが、経済支援を得るために、仕方なく拉致問題に自分から言及することになったのだ」
太永浩《テ・ヨンホ》元駐英北朝鮮公使の内心の声「日本チョッパリ（豚の足、日本人への蔑称）に、わが国の指導者が謝罪するなど、想像もできないことだ」
姜錫柱「日本の首相から反省と謝罪を引き出すことは、南の朴正熙《パク・チョンヒ》大統領さえできなかった。しかし今回、日本は北朝鮮に対して、経済支援方式での戦後補償を約束した。少なくとも１００億ドル（1兆円）は入ってくるのだ」
太永浩「胸が高鳴った。外務省の同僚たちも、興奮した様子だった。巨額で、重要なカネだと話し合った。北朝鮮の経済発展は、すぐ目の前にある」

＊――五味洋二「脱北元公使が明かす『日朝平壌宣言』の舞台裏」（『東洋経済オンライン』２０１８年5月22日）が紹介した太永浩『三階書記室の暗号』（韓国語書籍）を要約引用。

北朝鮮はこれまで、青瓦台《チョンワデ》襲撃事件[*1]（１９６８年）、ラングーン事件（83年）、大韓航空機爆破事件（87年）など海外で次々と大事件を引き起こし、多くの人びとを殺傷してきた。しかし、それらの事件について一度たりとも謝罪したことがない。それどころか、事件を引き起こしたのが自国だと認めたことさえない。

その唯一の例外が、2002年9月、小泉純一郎首相（当時）が訪朝した際、金正日が国家による拉致を認め、謝罪したことであった。

当時、アメリカのブッシュ大統領は、北朝鮮がウラン濃縮による核開発をしているとの疑惑を抱いていた時期だけに（実際、小泉訪朝の翌月、北朝鮮がアメリカに対してその事実を認めたため、94年枠組み合意が崩壊に至ったことは、第1章で述べた通りである）、日本が北朝鮮に宥和政策をとることを懸念していた。

アメリカのアーミテージ国務副長官（当時）は、8月末に来日した際にこの訪朝予定を突然知らされ、外務省に対して「慎重に、かつ今後はアメリカと連絡をとりつつ進めてほしい」と苦言を呈したとのことである（大嶽秀夫『小泉純一郎　ポピュリズムの研究』東洋経済新報社）。

さらに小泉氏は訪朝後、国連総会に出席した際、ブッシュに会談の内容を伝えたが、ブッシュは厳しい口調で「対話路線」を否定したといわれる（重村知計『外交敗北――日朝首脳会談と日米同盟の真実』講談社）。

つまり、アメリカの思惑通りに動くという日本外交の常識を覆したことによって、北朝鮮による史上初の謝罪が実現したのである。あのとき、小泉氏が訪朝しなかったら、拉致問題はいまだ闇のなかだった可能性が高い。

そう、「北朝鮮問題のジレンマ」から脱却するためには、常識にとらわれていてはいけないのかもしれない。政治と外交の常識を逆転させることが必要なのかもしれない。トランプと金正恩《キム・ジョンウン》の会談にしても、あまりにも常識外の指導者同士だから合意に至ったのかもしれないではないか。

そこまで考えて、筆者は、日本ならこのジレンマを乗り越える道を提示できると思うようになった。他の国にはできないが日本ならできるという考え方に到達したのである。日本は絶好のポジションにいるのだ。本章ではそのことを語る。

1——体制の保証と改革を両立させた日本の先例

北朝鮮に酷似する戦後の日本

北朝鮮の非核化は日本だけが主導できる——そう思い始めたのは、前章で紹介した、国連人権理事会に提出された「報告書」に目を通したときである。とりわけ、北朝鮮に対して政治改革を求めた勧告の内容を眺めながら、何かしらの「既視感」にとらわれたことがきっかけだった。

これは戦後の日本が占領軍に押し付けられたものとほぼ同じだと思ったのである。

すでに一部を紹介したが、勧告の冒頭にある「(権力への)チェック・アンド・バランスを導入」すること、具体的には、独立した公正な司法、多党政治システム、自由選挙による議会などはその最たるものだろう(本書147ページ参照)。

大正デモクラシーの時期などは別だが、日本が第二次大戦へと向かう過程で、大政翼賛会という独裁体制ができあがった。戦後、占領軍が原案をつくった日本国憲法は、そういう戦時体制を否定し、三権の分立、どんな政党でも結成する権利、自由な選挙にもとづく議会を求めたものであった。

「報告書」が北朝鮮軍の任務を自国防衛に限定するよう求めたことは、戦力の不保持を定めた日本国憲法よりは穏健である。しかし、その日本もまた、いろいろな試行錯誤の末、「専守防衛」を選びとったのだから、そう大きな違いとは言えないだろう。

北朝鮮の法律にある定義の曖昧な「反国家罪」や「反人民罪」の廃止を求めているのは、日本に当てはめると、治安維持法の廃止にあたるだろうか。

治安維持法は、日本の国体を変革することを目的として結社した者に対して、最高刑として死刑に処することを定めたものであり、まさに「反国家罪」であった。しかも、その要件は北朝鮮の法律と同じく曖昧であって、当初は共産主義者を対象にしていたが、やがて自由主義者や宗教者などにも拡大されていく。戦後、GHQの命令で廃止されたのは当然であろう。

その治安維持法を適用して検挙に当たっていた特別高等警察も廃止されたが、それは「報告書」にある北朝鮮の国家安全保衛部の廃止と同じことだ。「報告書」では、政治犯の釈放、拷問の廃止なども提起されているが、それらも戦後の日本で実施されたことと重なる。

政府から独立した新聞社、メディアの創設を許可すべきことをはじめ、言論、思想などの分野での自由も、戦後の日本で実現を求められたことである。

前章では紹介しなかったが、「報告書」では教育の機会均等や女性に平等な機会を保障することなども求められており、これも日本国憲法に書き込まれたものと同じである。

問われる犯罪の首謀者の裁かれ方

さらに言えば、「報告書」に盛り込まれた「人道に対する犯罪の首謀者とされる者を訴え、法の裁きの下に置くこと」というくだりも、ポツダム宣言[*2]にある「一切ノ戦争犯罪人ニ対シテハ厳重ナル処罰加ヘラルベシ」と似たようなものである。人道に対する犯罪を犯した北朝鮮の首謀者も、戦争犯罪を犯した日本の首謀者も、等しく裁かれるべきだということである。日本で東京裁判[*3]が行われたように、北朝鮮でも同様の裁判をやれということなのである。

ただし、「首謀者」への裁きは、その後の展開が異なってくる。

そこにこそ、日本に北朝鮮問題を解決する資格があるかどうかにかかわる大事なカギがある。

第二次大戦の最終盤、日本の敗北は誰の目にも明らかになったが、政府は降伏の決断ができないでいた。その間、東京大空襲をはじめ各地への空襲で多くの人が亡くなり、沖縄では大規模な地上戦が戦われ、「鉄の暴風」と呼ばれた攻撃を受けて多数の沖縄住民が死地に追いやられた。

そして広島、長崎の原爆投下へとつながっていく。

それでも日本が降伏しなかったのは、誰もが知るように、「国体の護持」を連合国が明確に約束してくれなかったからである。そして、最終的に日本が降伏を受け入れたのは、そこにメドがついたと政府が判断をしたからである。

つまり、当時の日本にとって、「国体の護持」は国民の何十万、何百万の命より大切だったわけだ。

筆者の目にはそれが「体制の保証」を求める北朝鮮に重なって見える。何万人、何十万人を強制収容所に送り、死に至らせるような政治体制の改革を求められても、それより金一族の「体制保証」が優先するという考え方は、「国体の護持」がどんなことにも優先した戦前の日本と同一線上にあるものだ。

では、戦前の日本の「国体」は戦後にも受け継がれたのか。それをめぐってはさまざまな立場が存在するだろう。

現行日本国憲法を大事なものだと捉え、それが明治憲法と本質的に異なると考える人は、戦後の日本は戦前とは決定的に違うのだと強調するだろう。「国体」の中心である天皇も戦前と戦後では違うものだと。一方、「戦後レジームの総決算」を叫ぶ右翼的な人びとも、ベクトルの向きは異なるけれども、戦前と戦後が本質的に違うと捉えるという点では同じだ。だからこそ戦前の体制の復活を夢みるわけである。

しかし、とにもかくにも、日本では多くの人が「国体」だと捉えていた天皇制はかたちを変えて残された（だからこそ敗戦を受け入れた）。

現在、金正恩が国連人権理事会への「報告書」で人道に対する犯罪の首謀者と位置づけられ、裁判にかけるよう求められているのと同様、昭和天皇の戦争責任を追及し、東京裁判に訴追すべきだとする声は連合国のなかでも強かった。けれども、GHQ最高司令官のマッカーサーは、さまざまな政治的な思惑から、そういう要求をはねつけたのである。

昭和天皇だけではない。東京裁判でA級戦犯とされた重光葵《まもる》は、その後復権して外務大臣となる。A級戦犯の容疑者として巣鴨拘置所にいた岸信介《のぶすけ》は、総理大臣にまで登りつめることになる。戦後すぐから長く総理大臣を務めた吉田茂にしても、戦中、外務省の要職にあって、満州を力で征服すべきことを公言しており、戦犯にされてもおかしくなかったのだが、アメリカとの戦争だけは避けようとしたことのみをもって訴追されなかった。

先ほど、戦前と戦後は異なっていると書いたが、そういう点では、日本では戦前と戦後が連続しているのである。

日本の経験は国際社会と北朝鮮を説得できる

戦前の日本と戦後の日本の連続性、非連続性の経緯や評価を語ることは本書の目的ではない。大事なことは、それをどう評価するかは別にして、日本もまた重要なところで戦前の体制が戦後にも保証されたということである。

そしてさらに大事なことは、「体制保証」された日本が、戦後、それなりの民主国家、平和国家に生まれ変わったことである。国連人権理事会への「報告書」が北朝鮮に対して求める政治改革とほとんど同じ内容を（死刑廃止などを除いてだが）、戦後の日本が実現したことである。

北朝鮮問題がこれからどう推移していくのか、予想するのは難しい。しかし、米朝合意を推進するという観点からは、「報告書」が求める金正恩の裁判という選択肢がすぐに浮上することはないだろう。あくまで金正恩の体制を保証した上で、非核化の道を進めていくことになると思われる。

けれども、本書で何回か言及した通り、その道を進んでいけば、北朝鮮の人権問題の深刻さがあらわとなり、「こんな国を支援していいのか」「こんな金正恩に平和を委ねられるのか」という声が噴出してくることは間違いない。

金正恩にしても、このまま各国との関係が改善し、海外からの投資などが進み、それに伴って民主化が進展することにでもなれば、自分の地位が危うくされかねないと考え、非核化の進展を恐れるかもしれない。

日本という国は、そこで生まれる障害を乗り越える道筋を、みずからの体験を語ることによって提示できると思うのである。

天皇制が維持され、A級戦犯が復権したような日本であっても、政治体制を改革し民主国家に生まれ変わり、その上で平和国家になった。だから、金正恩の体制が保証された北朝鮮でも、人権侵害に終止符を打ち、非核化の道を進むことができると、国際社会に提示して説得することができる。

金正恩に対しても、政治犯を釈放し、国民の自由と人権を尊重する国家になっても、そして日本のような平和国家になっても、あなたの体制が脅かされない道はあるとして、改革の進展を促すことができる。

混乱を乗り越えるのに必要な「物語」

戦前と戦後の日本の連続性・非連続性を北朝鮮の現状と絡めて議論すると、いろいろ別の評価があるだろう。

ある人は、昔の日本はいまの北朝鮮のようにひどい国ではなかったので、比較などしてはならないと怒るかもしれない。別の人は、いまの日本は安倍政権下で成立した新安保法制で「戦争できる国」になったし、憲法9条が変わってそれが現実のものになる可能性もあり、日本を「平和国家」のモデルとして北朝鮮に提示するのは許せないと、これまた憤るかもしれない。

もちろん、戦前の日本と戦後の日本をどう評価するかは、人によって大きく見解の割れるところであろう。しかし、北朝鮮の非核化と民主化という離れ業を推進していくために、見解の違いを脇において、北朝鮮の人びとを（周辺国の人びとをも）、ある程度納得させることができる「物語」が必要なのだ。

日本の場合、それが「天皇陛下はずっと戦争に反対していた。軍部の暴走をおさえ、終戦の英断を下したのは天皇陛下だ」という物語だった。

そこには虚構が含まれる。だから、天皇の戦争責任を追及する人びとはかならず存在したし、それなりの影響力を持っていた。しかし、この「物語」でかなりの国民が納得したから、あの戦後の混乱期において、国民が完全に分断されて国家が崩壊するような危機には至らなかったのである。これを「戦略的虚構」と呼んでもよいかもしれない。

混乱期を乗り越えるには、どこの国でも、そういう「物語」が必要とされる。

ドイツでは、あの人道犯罪に責任があるのはナチスに限られるという「物語」がつくられた。ドイツを奈落の底に引きずり込んだヒトラーを政権の座から引きずり下ろすため、その暗殺のために尽力した軍の幹部までいたが、それこそがドイツ国民の代表だったという「物語」でもあった。

その後、ワイツゼッカー大統領の登場によって、ヒトラーの犯罪を知りながら黙っていた道義上の問題があることは議論されるようになったが、このような「物語」でもないと、600万ものユダヤ人を虐殺したドイツという世界の批判を乗り越える国民的な基盤は生まれなかったはずである。

ドイツは、そういう「物語」で出発し、人道上の犯罪を犯したことの責めをみずから引き受けて償いと和解に努め、民主主義国家に生まれ変わることで、世界に受け入れられたのだ。

北朝鮮はどのような「物語」を描けるか

北朝鮮にもそういう「物語」が必要とされる。

金正恩《キム・ジョンウン》には人道上の犯罪に対する責任はないという「物語」である。

おそらく、基本的な責任は金日成《キム・イルソン》や金正日《キム・ジョンイル》にあるとして、金正恩時代に行われた人道上の犯罪には目をつぶり、旧体制を変えた功績をたたえるという「物語」になるのであろう。

そういう「物語」がないと、非核化の先にある北朝鮮の激動を、深刻な分断と騒乱なしに乗り切ることはできない。暴徒化した北朝鮮の人びとが、金正恩を相手にして内戦を起こすことになりかねない。それは避けなければならない。

しかし同時に、そういう「物語」が通用するのは、金正恩体制のもとで、国連人権理事会への「報告書」が提示するような抜本的な政治改革が実現したときだけである。日本の「物語」もドイツの「物語」も、それが通用したのは、現実に改革を施された政治体制に、過去と決別したと堂々と言えるほどのものがあったからだ。

金正恩がそこに挑まなければ、北朝鮮の人びとの手で何らかの決着がつけられることになるのだと思う。金正恩の政治生命は「報告書」に沿って北朝鮮を改革できるかどうかにかかっているということである。

そういう大変革を成し遂げる上で、日本の過去の「物語」が役に立つとなれば、歓迎すべきことではないか。たとえ人によって日本の「物語」の評価に違いがあっても、それに目をつぶってこの道を進むべきではないだろうか。

もちろん、日本がそういう道を進んだのは、敗戦と占領で主権を奪われた事態を背景にしたものであって、主権国家に適用するのに大きな困難が伴うことは承知している。しかし、非核化と体制保証を両立させようとすると、北朝鮮には敗戦と占領を覚悟するくらいの強い気持ちがなければならない。安倍首相にも、心では憎んでいる戦後レジームを絶賛する覚悟が必要だ。そうでもしないと、らくだが針の穴を通るほどの可能性しかないこの事業を進めることはできず、北朝鮮は本物の敗戦と占領を迎えかねないし、日本と周辺国は人命の喪失を含む何倍もの負担にあえぐことになってしまうだろう。

その物語は、日本発であることをふまえ、「日の丸デザインのメビウスの帯」とでも名づけられようか。何が真実で何が虚構か、左翼的手法か右翼的手法かの区別をつけにくい「物語」は、裏表の区別も左回りと右回りの区別もつけられないメビウスの帯に似ているように思える。

ただし、日本では天皇制そのものが残されたが、北朝鮮の場合、保証されるのは金正恩の一代限りとするしかないと思われる。

2――日本は核問題で本当の橋渡しができる

日本は「物語」を提示できるだけではない。北朝鮮の非核化それ自体でも、日本は重要な役割を果たす可能性を秘めている。ただし、それには以下に述べる政策転換が必要だ。

核問題における建前を本音に変える

日本はこれまで、核保有国と非核国の「橋渡し役」というのが公式のポジションであった。2017年、核保有国に同調して核兵器禁止条約に反対する立場をとったため、そのポジションは危うくなってはいるが、建前は変わっていない。

だが同時に、それはやはりただの建前であって、日本の本音は、核保有国にすり寄るものである。日本にとっての核廃絶という課題は、遠い将来に実現することがあるかもしれないという程度の願望に過ぎず、現実の努力目標になったことはない。

しかし、「橋渡し役」を建前から本音に変えるなら、日本は北朝鮮の非核化のために役割を果たせるのではないだろうか。そのために必要とされる努力は並大抵のものではないが、北朝鮮が非核化され、日本国民の安全と安心が確保されるなら、挑戦しがいのあることだと思う。

「核の傘」とは敵を壊滅させる戦略

核問題での日本の政策を一言であらわすのは難しい。

世界で唯一の戦争被爆国として核廃絶をめざすということは、国民の多くが願っていることだし、政府も似たようなことを口にする。さらに、核兵器を「持たず、つくらず、持ち込ませず」

という非核三原則が国是とされていることもあり、日本は非核の側にいる国だと思い込んでいる人も少なくない。政府の「橋渡し役」という言明がまだ信じられているのも、それが背景になっている。

一方、日本はアメリカの「核の傘」に守られているというのが、政府が一貫して強調することだし、多くの国民も漠然とそれを黙認している現実がある。

だが、「核の傘」の下にいることと、核廃絶をめざすことは、果たして両立するのだろうか。それがほぼ不可能だと自覚したから、日本政府は核兵器禁止条約に反対する立場を鮮明にしたのではないだろうか。

「核の傘」という言葉を聞くと、多くの人がイメージするのは、日本列島が「傘」で覆われていて、どこかの国の核兵器が落ちてくるのを防いでくれているというものである。雨が身体に落ちてくるのを防いでくれるのが傘の役割だから、それが自然な感じ方であろう。

「核の傘」は抑止力、あるいは核抑止力という別の言葉であらわされることも多いが、『広辞苑』(第7版)を見ると、「抑止」は「おさえとどめること」と説明されている。「抑《おさ》え止《とど》める」が抑止の解説だと言われても、同じ言葉をくり返しているだけで辞書の役割を果たしていないが、とにもかくにも、それがあれば相手が侵略を思いとどまってくれるような語感のものとして伝わってくる。

けれども、現実の安全保障において「核の傘」「抑止力」というのは、そう単純なものではない。政府は閣議決定して国会に提出した答弁書で、次のように説明している。

「抑止力とは、侵略を行えば耐え難い損害を被ることを明白に認識させることにより、侵略を思いとどまらせるという機能を果たすものであると解してきている」（2010年年6月8日）

抑止力について「侵略を思いとどまらせる」と言っているのは、『広辞苑』と同じ見地であろう。けれども、そのために相手に「耐え難い損害」を与えるものだという言い方をしているところが、『広辞苑』にはないところである。

なぜ「耐え難い損害」という言葉を使うのか。これは英語圏などの人にとっては語源から自明なのだ。抑止することを英語では〈deter〉といい、その名詞形を〈deterrence〉というのだが、そのなかにある〈ter〉というのは、テロ（terror）や恐怖（terrible）と同じ意味である。

歴史の授業で、フランス革命でジャコバン派が敷いた「恐怖政治」という言葉を習った方もいると思うが、それがもともとの語源であり、相手にギロチンによる処刑の恐怖を与えることによって反抗を「抑え止める」のが抑止の意味だと、英語圏の人はわかるのである。

その抑止概念がアメリカの軍事戦略で使われるようになったのは、アメリカが核兵器を製造するようになって以降だ。しかも、ただ核兵器を保有するに至った段階ではなく、相手からの攻撃があれば全土を壊滅させるほどの報復攻撃を行うこととし、そのために必要なだけの核兵器を持ち、いつでも発射可能な状態に置くという「大量報復戦略」を採用するようになってからなのである。

アメリカの戦略としての抑止力概念は、一般的に相手に負けないように軍事力を強化するというような程度のものではない。いざというときには核兵器を相手に投下し、国家が壊滅するほどの「耐え難い損害」を与えることができるようになったもとで誕生した概念であり、それほどの損害を受けることを自覚するなら相手はびびって手を出さないだろう、という考え方なのである。

核兵器の使用に賛成しながら責任は回避している日本

つまり「核の傘」どころではないということだ。あえて言えば「核の槍」である。核の槍を相手ののど元に突きつけた状態で、「動いたら槍が首に突き刺さるぞ」と脅かしているのが「核の傘」だということなのだ。

安倍首相は、口を開けば、「抑止力の維持向上」をくり返す。それは、アメリカに対して、「いざというときに、日本のために核兵器を他国に投下する能力を向上させてください」、「相手国が滅んでもかまいませんから」と要望しているということなのである。建前としての核廃絶とは対極にある考え方であり、それが日本の基本的な立場、政策である。

しかし、国民の多くはそういう自覚をしていない。その要因の一つは、非核三原則が生み出した幻想があるからだ。

さらに1967年に政府が非核三原則を確立する過程で、外務省が公表した「日米安保条約の問題点について」という文書で、アメリカの核抑止力に依存することを前提として、二つの考え方が打ち出された。一つは、「核兵器は日本を基地とするものではない」こと、もう一つは、「核抑止力をいかに配備管理するかについて、日本がこれに参画し、または協議に加わることはない」ということだった。

これは、日本と同じく「核の傘」にあり、アメリカの抑止力に頼るという政策をとっているNATO諸国とは、大きく異なるものである。

NATOでは、核兵器の運用に関する決定は、NATO諸国が協議して結論を出すとされる。日本と違って核兵器はNATO諸国にも地上配備されており、それを投下する爆撃機にはアメリカ軍のものでないものも含まれる。

実際に核兵器を投下するに当たってどのような手順がとられるのかは機密のため明らかになっていないが、少なくとも建前では、自国を守るために核兵器を使用するのだから、それに伴う責任も行動も共有するのがNATO諸国なのである。

ところが日本は、自国を守るためにアメリカに核兵器を投下してもらうのだけれども、日本には非核三原則で核兵器は持ち込まれていないし、使用の決断をするのはアメリカだということで、みずからの核兵器使用責任を回避しているのだ。相手国を壊滅させる戦略はNATO諸国と同じでも、日本だけは相手を壊滅する責任を負わないで済む構造をつくったのである。卑怯な狼藉者のようなものだ。

「核の傘」「抑止力」とはそういうものだとわかれば、日本国民の多数はそれを容認できないはずである。別の選択肢を考えなければならないと悩むはずである。

いまならまだ日本は「橋渡し役」になれる

日本はそういう政策を維持しながら、北朝鮮に対しては核抑止力を放棄せよと迫っている。94年の米朝枠組み合意ができたころ、筆者は外務省の北東アジア課の担当者に対して、「日本は核抑止力がないと安全が保障できないと考えているのに、北朝鮮にはそれなしで安全を確保せよと迫っている。では抑止力なしで北朝鮮はどうやって安全を守るのか」とたずねたことがある。返ってきた答えは「北朝鮮が自分で見つけるでしょう」というものだった。

当時はその無責任な答えにあきれたが、実はいまの日本に必要な重要な視点を提供してくれる答えだったかもしれない。というのも、「北朝鮮に見つけられるものは日本にだって見つけられますよね」と、いまでは問い返すことができるからだ。

これまでさんざん強調した北朝鮮の脅威をなくすためなら、核抑止力なしの安全保障政策を見つけるための努力を、より真剣に行わなければならない。まだ中国の核兵器は残っているという言い訳は許されない。北朝鮮には、アメリカの大量の核兵器が残っているのに、自国の核兵器を廃棄することを求めるのだから。

キッシンジャーらアメリカの国防、外交に携わってきた多くの人が、テロリストに核が握られることを想定し、核兵器のない世界を打ち出したことは紹介した（65ページ参照）。彼らは、アメリカが世界に覇を唱える国であることをやめようとまでは呼びかけていない。それどころか、アメリカが覇権を維持し続けるためにも、テロリストがアメリカに核を使うという恐怖から免れることが必要だと考えたのだ。

日本も、さらには北朝鮮も、力による政治、力による外交を放棄せずとも、核兵器について別のスタンスを取ることは可能だということである。

したがって、筆者は別に日米同盟をやめよとか、日米安保条約を廃棄せよと言っているわけではない。具体的には、核兵器抜きの日米同盟にしようということである。あるいは、「非核三原則」をバージョンアップし、「核兵器による威嚇もその使用もしない」を加えて、「非核四原則」を国是にすると言い換えてもよい。

そしてそれとセットで核兵器禁止条約に入り、条約の精神にそって核抑止力を否定した安全保障を模索するのである。この努力と平行して、本物の「橋渡し役」となり、北朝鮮に非核化を説くのである。

さらに、可能ならば同じことを韓国にも働きかけ、日本、韓国、北朝鮮の3カ国が参加する北東アジア非核地帯へと進むべきである（すでに一国非核地帯であるモンゴルが加わってもいい）。

非核地帯は世界のいろいろな場所にあるが、そこにはどの国の核兵器も存在せず、核兵器の発射拠点とならず、核兵器の運搬手段（ミサイルなど）も置かれない。北東アジアがそうなれば安心ではないか。条約で査察のための機関を設置すれば、日本が北朝鮮の査察に積極的に関与することも可能になり、日本国民の安心感はさらに増すであろう。

さらに既存のどんな非核地帯条約も、すべての核保有国との間で議定書を結び、非核地帯条約に参加する国に対して核兵器を使用しないことを約束させている。アメリカは北朝鮮に対して核を使わないし、中国も日本に対して核を使わないことが担保されるわけだ。そういうものができれば、この地域の安全保障環境は大きく変化することになる。

複雑な歴史的政治的環境にある北東アジアでは、該当する3カ国とその同盟国の間の疑心暗鬼が生まれやすい。だからこそ、3カ国が同時に行動するこのようなやり方が求められるのだ。日本は、「橋渡し役」の幻想がまだ残っている間に、そのためのイニシアチブをとるべきである。

「米中新冷戦」時代はやってこない

抑止力を否定するようなやり方は、アメリカが反発するだろう。しかし、本章の冒頭で書いたことだが、拉致問題の存在を認めさせ、金正日に謝罪させた実例が示すように、北朝鮮という国を変えるには、日本はアメリカとの多少の軋轢は覚悟しなければならない。北朝鮮が暴発してもっとも困るのは、韓国と日本なのだから、当事者として独自の立ち位置で責任を持って行動すべきなのだ。

アメリカが掲げてきた抑止力という思想は、ソ連のように政治的にも経済的にも思想的にも相容れない国を相手にしていることを背景に生まれたものである。

ソ連というのはアメリカにとってただただ打倒すべき相手だったのであり、だから軍事的にも壊滅させる抑止という考え方に立ったのである。壊滅しても困らないように、経済的にも政治的にもほとんど関係を持たなかった。

さらに、冷戦というのは、アメリカを先頭とする資本主義・自由主義の勢力圏と、ソ連を先頭とする社会主義の勢力圏が、その存在をかけて戦ったものである。自分たちの勢力圏が一つでも相手に奪われると、それをきっかけに相手の影響力が格段に増すのではないかとお互いが恐れた。アメリカがベトナム戦争を戦ったのも、ソ連がハンガリーやチェコスロバキアに軍事介入をしたのも、同じ動機からである。

現在、中国とアメリカとの間で経済面でも軍事面でも軋轢が拡大し、「米中新冷戦」という言葉も見られるようになった。しかし、現在の米中関係を「冷戦」という用語であらわすのは、冷戦の真実をよく理解していない人の認識である。

確かに中国は、尖閣問題や南シナ海における行動に見られるように、確立した国際法に挑戦している。それをどう抑え、国際社会のなかで互恵の関係をつくっていけるかは、今世紀の重要な課題であろう。

しかし、かつては各国に強力な共産党が存在したこともあり、国の支配者は、「自国がやがてソ連の勢力圏になるかもしれない」と恐れたが、いまや世界で「共産党」を名乗る政党はほとんど存在しない。くわえて、そもそも中国には「勢力圏」というものが存在していないし、中国のような政治体制を理想とする人びとが各国で多数を占めることもあり得ない。

さらに中国は、アメリカにとっても日本やその他の国にとっても、経済的にはお互いがなくてはならない関係になっている。だからこその米中摩擦であって、冷戦時代とは質的に違う。そういう時代にあって、中国の壊滅を想定した冷戦時代の抑止戦略は意味を持たないのである。

「抑止力」ではなく「抑制力」を新たな戦略とする

冷戦時代であれば、「ひとつ奪われればもっと奪われる」ことを恐れ、アメリカは威信をかけて軍事介入をしてきた。しかし、そういう恐怖がなくなった現在、日本が中国と衝突したからといって、しかも人の住んでいない尖閣をめぐって衝突したからといって、自国の兵士の命をかけてまで介入するような動機はアメリカにはまったく存在しなくなっている。

だからいま、日本はアメリカの核抑止力に頼るという従来のやり方から脱して独自の戦略を立てなければ、自国を防衛するという目的が達成できないのである。

筆者はその新しい戦略を「抑制力」と名づけたい。相手の侵略行動を抑制するという目的では、「抑え、止める」抑止力と同じだが、その手段は「恐怖」ではなく、あくまで「抑制」された力によってである。その言葉は新しいが、政策の内容としては、これまで日本が掲げてきた「専守防衛」と同じようなものであり、そこから核抑止力への依存をなくしたものと言える。

これまで専守防衛は次のように説明されてきた。

相手から武力攻撃を受けたとき初めて防衛力を行使し、その防衛力行使の態様も、自衛のための必要最低限度にとどめ、また保持する防衛力も自衛のための必要最低限度のものに限られる。

（『防衛白書』）

「防衛力行使の態様も、自衛のための必要最低限度にとどめ」という箇所はわかりにくいが、相手が日本を侵略したとしても、日本の反撃は相手の侵略の規模に見合ったものに止めるということである。相手が日本を占領したわけでもないのに、反撃して相手を占領するようなことまではしないということである。これは、相手を壊滅させるという抑止力の考え方とは根本的に異なる。

それならば、抑止力から解放された日本の戦略は、本物の専守防衛戦略となる資格がある。朝鮮半島の非核化というのは、別の言葉で言うと、核兵器ではない手段で防衛を考える時代が来るということである。日本が専守防衛の戦略を深めていくことは、北東アジアにおいて、安全保障面でも日本がイニシアチブを取っていくことにつながるに違いない。

3――北朝鮮への経済援助は日本の利益になる

北朝鮮は多額の経済援助を必要としているが、それを無償分も含めて提供できるのは日本だけだと言われる。拉致や国交正常化とからむ難しい問題ではあるが、この分野でも日本は重要な役割を果たせる可能性がある。

1兆円は途方もない金額なのか

日本の経済協力について、日朝平壌宣言は、次のように述べている。

双方は、日本側が朝鮮民主主義人民共和国側に対して、国交正常化の後、双方が適切と考える期間にわたり、無償資金協力、低金利の長期借款供与及び国際機関を通じた人道主義的支援等の経済協力を実施し、また、民間経済活動を支援する見地から国際協力銀行等による融資、信用供与等が実施されることが、この宣言の精神に合致するとの基本認識の下、国交正常化交渉において、経済協力の具体的な規模と内容を誠実に協議することとした。

これは1965年、日本と韓国が国交を正常化した際、日本が行った経済協力[*4]を想定したものだとされる。日本は韓国に対して、無償3億ドル、有償2億ドル（円借款）の資金協力をしたのだが、それを北朝鮮にも実施しようということである。

本章の冒頭で紹介したが、北朝鮮でそれは1兆円規模と受け取られているようだ（155ページ参照）。5億ドルといっても半世紀も前のことだから、現在の経済水準で換算するとそうなると言われている。少なくともこれだけのものが与えられれば、北朝鮮の政治の中核にいるような人びとも、最高指導者が日本に謝罪することを容認するのである。日本の援助が果たす役割は大きい。

常識的に考えると、財政難の日本で1兆円[*5]など論外と考える人も多いと思うが、筆者は以下の理由で安い買い物になると考える。

日本経済再生の最後の機会

北朝鮮は日本経済再生の起爆剤になる可能性がある。いろいろな角度からそう言えるだろう。何といっても、まだどの国も経済的に参入し切れていないが、ここには2500万人もの人が住んでいて、開発途上というより、開発以前の状態にある。こんな地域は日本周辺にはどこにも存在しない。この国の経済が少しでも豊かになるということは、日本製品の市場になるということである。

さらに、この2500万人は大事な労働力でもある。規律がある（統制されているとも言えるが）上に、（現在のところ）安価でもある。しかも、北朝鮮の人びとは、核兵器や弾道ミサイルを開発できるほどの知識、技術も持っているし、サイバー空間のハッキングでも暗躍している。それを「正しい」道に使うなら、急速な経済発展が見込める。日本企業としても中国に進出するよりもよほど魅力的であろう。

北朝鮮はレアメタルの宝庫とも言われている。現在、中国が世界の90%の需要をまかなっているとされるが、一説では、北朝鮮には中国の100倍ものレアメタルが眠っているとのことだ（遠藤誉・東京福祉大学国際交流センター長「北朝鮮を狙う経済開発勢力図」ニューズウィーク電子版2018年6月11日）。

さらに北朝鮮は、シベリアの極東部とつながっている。そのシベリアは原油の宝庫であり、安倍政権は領土問題を解決するためにも、「新しいアプローチ」として経済的な関係強化をめざしている。これまでは、シベリア極東部に手を伸ばそうと思っても、北朝鮮が間にあって難しかったが、北朝鮮に経済協力をできるような情勢になれば、この懸念は吹き飛んでいく。韓国から北朝鮮、シベリア極東部に至る地域が巨大な開発対象になっていく可能性が横たわっているのだ。

米朝首脳会談を受けて、すでに各国は、どうやって北朝鮮に投資し、権益を確保できるかを考え、動き始めている。そのなかで日本はどうするのか。1兆円規模の投資を日本が行うとしたら、日本が断然リードすることは間違いない。投資が遅れれば遅れるほど、日本はおカネを出すが見返りは少なくなるという構図が生まれてしまう。

日本の援助で北朝鮮の経済と政治を変える

日本には経済的に開発途上の国を支援してきた多くの経験がある。とりわけ戦後賠償の枠組みで東南アジア諸国に対して行った経済協力は特筆にあたいする。

日本の経済協力には批判も少なくなかった。当時の東南アジアの国には独裁国家が多かったこともあり、日本の経済協力は独裁体制を支え、悪徳政治家の私腹を肥やしているだけだという批判である。しかも、賠償で行った港湾や空港のインフラ整備では日本企業が進出したので（だから「紐付き援助」とも言われた）、東南アジアのためではなく日本の儲けが優先されているとの批判もあった。

しかし、戦後70年経ってみてどうだろうか。東南アジアが経済的に発展したことは疑いない。緩やかでばらつきもあるが民主化も進展した。戦後、イギリスやフランス、ベルギーなどが経済援助したアフリカ諸国がなお経済的に苦しみ、少なくない国で内戦が絶えない現状が続いていることと比べてみても、戦後日本の経済援助が果たした役割に一定の確信を持っていいのではないだろうか。

とりわけ77年、福田赳夫《たけお》首相（当時）が打ち出した次のドクトリンは、日本の経済援助のあり方を示したものとして重要である。

第1に、わが国は、平和に徹し軍事大国にならないことを決意しており、そのような立場から、東南アジアひいては世界の平和と繁栄に貢献する。

第2に、わが国は、東南アジアの国々との間に、政治、経済のみならず社会、文化など、広範な分野において、真の友人として心と心のふれ合う相互信頼関係を築き上げる。

第3に、わが国は、「対等な協力者」の立場に立ってASEANおよびその加盟国の連帯と強靭性強化の自主的努力に対し、志を同じくする他の域外諸国とともに積極的に協力し、また、インドシナ諸国との間には相互理解に基づく関係の醸成をはかり、もって東南アジア全域にわたる平和と繁栄の構築に寄与する。

その経験を北朝鮮に生かすのである。北朝鮮は鉄道も道路も送電線もボロボロである。平壌の空港に降り立った人は、どこの田舎の空港かと驚くだろう。それらのインフラをどうしていくのか、北朝鮮の人びとといっしょに計画を練るべきだ。

戦後の東南アジアと同様、日本企業が進出して、現地企業の設立と運営を助けながら、経済開発を進めるべきである。北朝鮮は貧しい土壌が多く、寒冷地でもあり、農業に成功していないが、そこには寒冷地を抱える日本の農業の経験が役に立つはずだ。

そうやって北朝鮮の各地に日本の人びとが進出し、現地の人びとと交流を深めるようになれば、次第に北朝鮮の政治体制も変化していく。東南アジアよりもさらに緩やかなものではあろうが、大事な変化が生み出されるのである。日本の役割は限りなく大きい。

4――拉致問題でマイナスをプラスに変える戦略

拉致問題の「解決」とはどういうことか

問題はそういう経済協力のタイミングである。日朝平壌宣言は、経済協力は「国交正常化の後」だと決めているので、いつ国交正常化をすべきかということでもある。平壌宣言はどの段階で国交正常化を決断するかということには明示的に触れていない。

経済協力からの果実を日本が得ることを考えれば、一刻も早い正常化が求められるのは言うまでもない。しかし、日本国民の多くは、核・ミサイル問題に加え、拉致問題が解決しないと正常化などとんでもないと考えているだろう。

だが、せっかく日本が北朝鮮の非核化を主導し、北東アジアの平和と繁栄という果実を手にする絶好の機会が目の前にあるのに、それを逃す手はない。

これまで拉致問題というのはマイナス思考で捉えられてきたのだが、それを一挙にプラスに変える手はないものだろうか。

その拉致問題について、北朝鮮人権理事会への「報告書」は、厳しい批判を北朝鮮に浴びせかけている。これも「人道に対する犯罪」だという位置づけである。何十万人を死に至らしめた他の犯罪と同じとみなしているし、それは過去の問題ではないというのである。

外国人に対して行われてきた強制失踪は遠い過去の犯罪ではない。これは現在も継続している犯罪であり、被害者の消息が完全に明らかにされるまで終結することはない。自由の剥奪の事実を否定し、被害者の安否と行方に関する情報の提供を現在も拒否し続けている北朝鮮当局者は、実際の逮捕、拉致、拘禁に直接関与していなくとも、人道に対する犯罪への責任を負う必要が生じる可能性がある。

（報告書401ページ）

しかし一方で、国連人権理事会は、各国の深刻な人権違反、人道犯罪に向き合ってきた何十年もの経験があるだけに、こういう強制失踪がもたらす結果についてもよく知っている。そして、その解決方法について、次のように提言している。

強制失踪の場合、犯罪行為の全容が明らかになったときには被害者はすでに亡くなっていた、というのは残念ながら決して珍しいことではない。失踪者が実際に亡くなっていた場合、被害者の家族が気持ちに区切りを付けるためにも、当局者は失踪の状況を解明し被害者の遺骨を家族のもとに送還することに全力を挙げ、継続中の犯罪を終結させるべきである。

（報告書401ページ）

生存者は当然、全員を即時に帰国させねばならない。しかし、経験上、強制失踪の被害者はすでに亡くなっている場合が多いというのだ。世界中の強制失踪を見てきた専門家が言うのだから重みがあるし、日本政府も「報告書」全体は高く評価し、だからこそ珍しく全訳まで行ったのだから、この部分だけは受け入れられないという態度はとれないということなのだろう。

とはいえ、小泉首相の訪朝時の「8人死亡」という北朝鮮側の通告と、その後の調査で示された「死亡の証拠」に対して日本の世論は沸騰した過去があるから、同じ結果がくり返されるだけでは国交正常化どころではない状況が生まれるかもしれない。

金正恩は金日成でも金正日でもない

しかし、当時と現在とで、まったく異なる事情もある。それは金正日から金正恩へと指導者が変わったことである。

北朝鮮の人権問題の全体を見れば、この変化に意味を持たせることはできない。強制収容所に見られる大規模な人権侵害は指導者が替わっても続いているし、国連人権理事会への「報告書」も、金正恩は責任を免れることはできないと何度も強調している。

けれども、この3人の最高指導者の間で一つだけ決定的に違いがあるとすれば、日本人拉致についてだけは、金正恩には直接の責任がないことである。

日本人拉致は金正日のもとで行われたものである。だから、金正日時代には、被害者の失踪状況を解明しようと思っても、ねつ造された「死亡診断書」に象徴されるように、不徹底というより虚偽に満ちたものにならざるを得なかった。あるいは、「特殊機関」がやったことだから真相がわからないという説明がされるばかりだった。真実が解明されるときは金正日の責任も明確になるときだから、それ以外の選択ができなかったのである。生存者を明らかにできないのも、金正日の犯罪と結びつくものだったからだろう。

金正恩はそこを乗り越えることのできる条件を備えている。

本章の前半で、北朝鮮で犯されてきた人道犯罪に責任があるのは金日成と金正日であり、その体制を変えた人物として金正恩をたたえる「物語」をつくることを提唱した（165ページ参照）。それは虚構ではあるのだが、拉致問題に限って金正恩が直接手を下していないのは事実であり、そこを北朝鮮と日本が戦略的に活用できれば、物語に真実味を持たせることができるのである。「物語」はここで完成する。

安倍首相がなすべきこと

金正恩は、拉致問題の真相を徹底的に明らかにし、その責任を厳しく追及しても、自分にブーメランが戻ってくる可能性がないことを利用すべきだ。自分の父親の犯罪を明るみに出すことは、その父親から受け継いだ権力の正統性をめぐる問題に発展する危険もあるけれども、逆に、国際社会から（とくに日本から）「体制保証」の確固としたお墨付きをもらえる可能性があるとするならば、唯一これをやり遂げた場合だけだろう。

安倍首相にはそのような観点で金正恩に働きかけてほしい。生存者は直ちに日本に帰国させるとともに、すでに亡くなった人がいるとするならば、そこに至る経緯を被害者家族も納得できるように明らかにし（「報告書」が言う「失踪の状況の解明」）、遺骨を返還するとともに、責任者を処罰すべきだと迫るべきだ。

亡くなった人がいるとして、その状況がつぶさに明らかになることは、短期的には北朝鮮にとってマイナスだろう。被害者に対する冷たい扱い、仕打ちが暴露されることになるからだ。

しかし、そこを乗り越えることなしに、被害者家族の気持ちが癒やされることはないし、金正恩独裁下の北朝鮮が国際社会に受け入れられることもない、と迫らなければならない。

安倍首相が金正恩にそのような決断を促すことができるなら、北朝鮮の「体制保証」は確かなものとなる。それとセットになっている「非核化」も進んでいく。日本は北朝鮮問題の解決に大きな貢献をしたことになり、今後長きにわたって、北東アジアでの存在感を高めることになるであろう。

わが体験的北朝鮮論

あとがきに代えて

北朝鮮の非核化をめぐる問題について、これ以上さらに言及すべき新しい論点はない。乗り越えるべきジレンマがどんなに根深いものであっても、多くの人が粘り強く、つねに頭脳を研ぎ澄まして、この課題に挑戦するしかないだろうし、私も生涯をかけてやっていく覚悟である。

それでも最後に書いておきたいことがある。北朝鮮に対する私の見方が、なぜ、どのように形成されたのかということだ。それはこの本の趣旨を理解してもらう上で役立つかもしれない。

現在の北朝鮮非核化をめぐる論議を見ていると、大きく分けて二つの見方が対立しているように思える。

一つは、北朝鮮が悪辣な国であることに変わりはなく、いまも悪行をやり遂げるために時間稼ぎをしているだけで、どうせ非核化なんて実現しないという見方である。

もう一つは、前者と比べて人数はかなり少ないだろうが、護憲派に多い見方で、北朝鮮は今回、真剣に非核化を念願しており、周辺国がちゃんと見返りを与えれば、必ず非核化は実現するだろうというものである。問題は周辺国の見返りの少なさ、遅さにあるという考え方だ。

私の考えは、すでに本書を読まれた方にはおわかりの通り、北朝鮮が悪辣な国であるという点で前者と共通するものがあるが、同時に、北朝鮮も非核化を願っている（悪辣な国のままで）という点では後者と共通するものがある。いわば国際政治の見方について、リアリズムとロマンティシズムが共存したような見方といえようか。

ある意味、「折衷的」と批判されることになるかもしれないが、真理というのは両極端なところにではなく、どちらとも言いがたいところに存在するというのが、私がささやかな体験から導いた結論でもある。その体験を書いておきたいのだ。

小学生時代の恥ずかしい思い出

私は小学校のころから、在日の方が多い兵庫県神戸市で育ったが（1955年生まれ）、それでも相対的には少ない東部地域だったからだろうか、友人のなかに在日はいなかった（明かしてくれなかっただけかもしれない）。

高校生までは恥ずかしい思い出ばかりである。

はじめて朝鮮半島を意識したのは、小学校6年の社会科の授業である。戦後すぐの時期の日本の経済発展の変化が縦軸に、世の中の出来事が横軸に並んだグラフを先生が指して、「ここから何がわかるか」と聞いたので、私はすぐに手を挙げて、「朝鮮戦争をきっかけに日本の経済が成長したことがわかります」と、優等生の答えをした。

それに味を占めたからだろうが、その後のグループ別討論で、「朝鮮半島が南と北に分断されていることに賛成か反対かに分かれて議論しなさい」と言われ、躊躇なく日本の経済発展をもたらした戦争の結果を肯定する分断賛成グループに所属し、討論をリードした。

中学生になっても植民地支配の歴史などに関心はなく、テレビに登場する韓国の人が日本語を話しているのを聞いて誇らしい気持ちになった。いまでは恥ずかしい記憶だ。

歴史への興味に目覚めた高校時代

高校生になって転機が訪れた。

歴史が大好きになり、全集にすると20巻ほどになる『日本の歴史』『世界の歴史』や、岩波新書で出されている各種の歴史書（名著『日韓併合小史』なども含まれる）などを読みあさることになる。当然、日本と朝鮮半島の関係については、ある程度の知識が身についたわけである。

しかし、親友が在日の女子高校生とつきあっていることを親にとがめられ、無理矢理引き離されたと聞かされても、どう慰めていいかわからず、自分に何もできない歯がゆさばかりが残るという体験をした。

現実を変えることのできる知識とは何だろうか、という思いにとらわれることになる。

在日の人たちとの接点が生まれた大学時代

大学生になると（1973年）、在日を堂々と名乗る人たちとのつきあいが生まれる。

一つは、当時の大学で影響力を持っていた日本民主青年同盟*1（私も1年後に加わることになる）の先輩活動家のなかに、一人だけではあるが「金日成思想研究会」という名前の勉強会を組織する人がいて、そこに在日の方も参加していたからだ。誘われて少しは勉強してみたものの、ついていけなかった。特定の個人の名前を冠した「思想」などそもそもうさんくさいというのは、常識的な学生の普通の感覚だったのではないだろうか。

もう一つ、大学の近くに朝鮮大学校があって、各種のイベントでそこの学生たちと顔を合わせることがあった。最初に出会った在日の学生が、北朝鮮がどんなに遅れた国かということをとうとうと話すので、「ちゃんとリアルに見ているヤツもいるのだ」と感心して聞いていたら、「そこに金日成が現れてこんな立派な国になった」という結論につなげるための前ふりに過ぎなかったことがわかり、ひどくがっかりした。

つまり、韓国はともかく、北朝鮮に対する私の見方は最初からマイナスイメージに包まれたものだったのである。

それでも民主青年同盟に加わり、その後は日本共産党に入党した私のことである。表立って北朝鮮批判をすることはなかった。

当時の共産党は、ソ連共産党とも中国共産党とも断絶し、批判を応酬しあう関係にあったが、朝鮮労働党とは関係を維持していて、共産党の文献のなかで北朝鮮批判を目にすることはなかったからである。

学生時代に仲間から教えてもらったのは、60年代半ばに開始された中国の文化大革命のなかで、共産党の新聞『赤旗』の特派員が北京の天安門で紅衛兵に暴行をされ大けがをしたとき、北朝鮮が受け入れて治療をしてくれたというような話であった。だから、たとえ北朝鮮の体制に違和感を持っていても、同じく「共産主義」をめざす「同志」として、最小限の礼節は必要だと考えていたのである。

共産党の厳しい北朝鮮観を知った民青同盟時代

ところが、大学を卒業して民青同盟の国際部長となり(1980年)、共産党の中央委員会と近いところで仕事をすることになった私は、共産党の北朝鮮に対する見方はかなり厳しいものであると理解することになる。

民青同盟というのは、共産党の「導きを受ける」ことを明確にした組織であり、国際部長の仕事をする上でも日常的に指導があるのだが、それを通じて、『赤旗』で表立って北朝鮮問題を論じなくても、実は批判的に見ていることがわかってくるのである。

たとえば80年10月、北朝鮮は朝鮮半島の南北を統一する方式として、「高麗民主連邦共和国」という構想を打ち出すことになる。そうすると、在日本朝鮮青年同盟という民青同盟のカウンターパートのような組織から、「この構想を支持してほしい」という働きかけがされる。それに対して、共産党からは、「朝鮮半島の自主的平和的な統一を支持するのは当然だが、その方式として北朝鮮のあれこれの外交政策を支持するのは筋違いだから、絶対に賛同しないように」という指導がある。

また、北朝鮮は金日成が海外から褒め称えられていることを証明しようといろいろやってくるのだが、その一環として、70歳の誕生日（1982年）に際し、世界各地から贈り物を組織する大運動をやっていた。在日本朝鮮青年同盟の代表も私のもとにやってきたが、「日本共産党の指導者に対しても贈り物などしないのに、金日成にそんなことをするはずがないだろう」と言って追い返した。

あるいは、いつのことだったか詳細は忘れたが、北朝鮮の党大会か何かに共産党が出したメッセージについて、「この部分は世襲制を批判したものだ」と共産党国際部の担当者から説明を受けたこともある。公然と批判し合う関係ではないから婉曲な物言いではあったが、私の北朝鮮体験からも、その程度の批判は当然だと感じることになる。

『凍土の共和国』をめぐって

本論（第3章冒頭）でも紹介した『凍土の共和国』が84年4月に出版されると、その直後に「これを読むように」との指導を受けた。

それまでの体験から北朝鮮の個人崇拝の異常さは理解していたつもりだし、60年代末から開始された北朝鮮への帰還事業で戻った人びとの話は噂話として広がっていたので、ある程度は予想していたが、北朝鮮の国内体制がこれほどのものであるということは胸に突き刺さった。

それと同時に、共産党は北朝鮮との関係を維持しているので公然と批判していないものの、北朝鮮に対する基本的な認識はこの本に描かれたようなものであることがわかり、安心した記憶がある。

なお、北朝鮮問題から外れるが、当時、共産党から読むように指導された本のなかに、『スターリン時代の東欧』『スターリン以降の東欧』（いずれもフランソワ・フェイト著、岩波現代選書）などがあった。当時、共産党はソ連と激しい論争をしていて、ソ連の覇権主義的な対外路線や国内における重大な人権侵害を批判していたが、東欧の社会主義国の成り立ちの正統性についてまで共産党が批判的な見地に立っていることを知って驚いた。

そのころ、日本共産党のまわりの学者のなかには、東欧は戦後、共産党以外の政党も含む連立政権（人民民主主義）だったが、共産党の優位性が発揮されて次第に単独政権になったと説明する人もいたのだ。だが指定された図書を読んで、東欧諸国（ユーゴなどの例外を除き）の共産党政権はスターリンが暴力的に押し付けたものであると日本の共産党が認識していると知り、我が意を得たりという気持ちにもなったことを書いておきたい。

ただし、私は国際活動に携わっていたから共産党のそういう「本音」に接することができたのだが、普通の党員は、北朝鮮批判が載らない『赤旗』しか読めないのである。その結果、建前を真実と受け取ってしまうのではないかと、ある種の危惧を覚えたことも指摘しておこう。

共産党が公然と北朝鮮を批判した80年代

『凍土の共和国』は84年の出版だが、もともとぎくしゃくしていた共産党と北朝鮮との関係は、それと前後して公然とした批判と論争の時期に入る。そしてほどなく断絶に至る。

83年には本論でも触れたラングーン事件（30ページ参照）が起こり、共産党は公式見解を発表したが、それは「外国へのテロリズムの輸出」は社会主義の原則に反するという一般的なものであった。ところがそれに対して、朝鮮総連から共産党を名指しする批判が寄せられ、共産党はそれに反論する。

しかも翌84年7月、日本海の公海上で日本の漁船が北朝鮮の警備艇に銃撃され、船長が死亡するという事件があり、共産党はこれを厳しく批判した。そうすると今度は北朝鮮本国から「内政干渉」との批判があり、公然と批判し合う関係になっていった。

87年11月に大韓航空機爆破事件が起き、北朝鮮の金賢姫《キム・ヒョンヒ》が拘束され、北朝鮮の犯行であることが疑われた。当初は自白も物証も不十分なもとで、『赤旗』も態度を明確にできないでいたのだが、翌88年1月、金賢姫が北朝鮮の犯行であると供述すると、それを聞いた共産党の宮本顕治議長（当時）は、ただちに「北の犯行」だと断言することになる。

岩波書店から出版されている『日本史年表』の昭和史の部分が電子データ化され、『データベース昭和史』としてまとめられているが、大韓航空機事件で載っているのは、1月24日に日本共産党が「北朝鮮の犯行と表明」したことと、26日に日本政府も北朝鮮のテロだとして制裁措置を決めたことの二つだけであり、それだけ共産党の態度が速やかでインパクトのあるものだったとわかる。

金賢姫の供述のなかに日本人拉致問題への言及があり、共産党の橋本敦参議院議員が2カ月後に国会ではじめてこの問題を取り上げることになった。

1980年代末、私は民青同盟が加盟していた国際組織である世界民主青年連盟の執行委員会に参加するため、平壌《ピョンヤン》を訪れた。その際、金日成の銅像のある広場への半日ツアーが企画された。当然のこととして私は参加しなかったが、他の代表が当たり前のように参加するのには驚いた。

また、会議の最中に忘れ物を取りに行くためにホテルの部屋に戻ったら、北朝鮮の人間が荷物をあさっているのに出くわし、評判通りの国だと実感した。

共産党が60年代末から北朝鮮を批判していたことに驚く

これまで紹介した北朝鮮がらみの事件は実際に人の目の前で起きたものであって、共産党が北朝鮮を厳しく批判したのは、当然といえば当然であろう。

しかし、私が驚かされたのは、共産党で仕事をするようになって（89年）しばらくした92年、不破哲三委員長が『赤旗』に連載した記事を読んだときのことであった。

共産党はその24年前の68年、代表団を北朝鮮に派遣していたのだが、その目的は、同年1月の青瓦台《チョンワデ》襲撃事件をはじめ、北朝鮮が武力で南進を図ろうとしていたことに対して警告を与えるためのものだったというのが、不破氏の連載が明らかにしたことであった。また、代表団の滞在中、異常な個人崇拝が進んでいるのを知ったことや、代表団に対しても盗聴器が仕掛けられているのを発見した事実なども書かれていた。

『赤旗』に北朝鮮批判が載るようになったのは、前述のように83年以降だが、共産党は60年代末から、北朝鮮の対外政策と国内体制の問題を正確に把握していたということである。

なおこの年（92年）、不破氏は『たたかいの記録——三つの覇権主義』（新日本出版社）という著作を刊行するが、これはソ連、中国とともに北朝鮮を「覇権主義」（武力で目的を達成する思想と行動）と位置づける立場からのものであった。それまでもそう認識していたのだが、公然とそれを明らかにしたのである。

こういう認識に60年代末に達していながら、それを明らかにしなかったために、共産党員のなかに北朝鮮に対する甘い見方が生まれることになる。

実際、共産党などが催す各地の講演会などに招かれるたびに、「北朝鮮はそんなに悪い国ではない」といった類いの質問を受けることが多かった。悪いのはアメリカや日本の政府であり、北朝鮮の行動に問題はあっても、それは余儀なくされたものだという認識に立つ質問である。

そういう認識が生まれても、それでも共産党同士の礼節は守らなければならないものであろうかと、複雑な気持ちにさせられたことを覚えている。

覇権主義国への批判と外交相手国への礼節をめぐって

北朝鮮は現実に覇権主義国家であり、そこからいろいろと問題行動を引き起こしてきた。だから、共産党同士の礼節などは気にせず、徹底した批判を行うことが、日本で共産党が共感を得る上で不可欠になる。

ソ連が崩壊して社会主義の終焉が叫ばれ、実際にヨーロッパをはじめ世界で共産党が弱小化し、やがて解体していった。それでも日本で共産党が生き残っているのは、世界の共産党とは異なり、日本の共産党がソ連の対外政策と国内体制を徹底して批判していたからだ。

大規模で組織的な人権侵害は国際問題であり、それを批判するのは「内政干渉」に当たらないというのが、本書でも明らかにしたように国際的に共通の理解であるが、日本の共産党は、小説家ソルジェニーツィンただ一人に対する言論弾圧であっても、それを「国際問題だ」と位置づけて公然と批判をしていたのである。

そのことを日本国民は十分には知らないだろうが、少なくとも共産党員は確信を持っており、多少のことではへこたれずに共産党とともに生きようと思ったからこそ、生き残ったのである。

一方、相手は政権政党であり、「国家」である。米朝首脳会談が現実の課題になればお互いがかつてのような悪罵を投げつけなくなるように、交渉ごとに臨めばそれなりの礼節も必要となる。共産党も一時期、各国の政権や政権党とのつきあいを通じて外交上の成果を得ることを重視する方針をとったことがあり、「野党外交」と自称していた。

やがて、その方針が北朝鮮を「覇権主義」と位置づける認識とも衝突することを知らされることになる。2004年、私は共産党の月刊誌『前衛』(7月号)に「北朝鮮問題を攻勢的にとらえるために」という論文を寄稿した。その趣旨は、核・ミサイルの分野でも拉致問題などでも、共産党が北朝鮮を徹底して批判してきたことに確信を持とうと呼びかけるものであった。

その刊行の直後、不破氏に呼び出され、論文の全体は評価していただいたのだが、そのなかで「覇権主義」という用語を使っていることを注意された。共産党は現在、北朝鮮に対して「無法行為をしている」と批判をしているが、覇権主義という位置づけはしていないというのである。

当時の共産党は、日朝平壌宣言後に膠着する拉致問題を解決しようとして、北朝鮮と直接交渉することも想定していたから、これほどの強い規定を使うことを躊躇したのであろう。中国共産党との交流も強まり、中国を「覇権主義」とする規定も使われなくなっていた。

06年のことだが、共産党は国会で北朝鮮人権法[*2]に反対することになる。かつて共産党は、ソ連で民主化運動を主導していたサハロフ博士のシベリア流刑の際などに、ソ連から「内政干渉だ」と言われつつも、批判的な見解を出していたのである。ところが、北朝鮮人権法の制定に際しては、北朝鮮の人権問題はサハロフ一人どころではない大規模なものであるにもかかわらず、人権抑圧は「国内問題」であり、それに対する批判は「内政干渉」だと表明したのであった。政権党を相手に外交交渉を試みた結果である。

なお17年になって、不破氏の『たたかいの記録――三つの覇権主義』が「新版」として刊行された。そこでは中国も北朝鮮も再び「覇権主義」と位置づけられていることを指摘しておく。19年初頭の現在も同じ認識かどうかは知らないけれども。

北朝鮮の核実験に対する民団の対応から学んだこと

北朝鮮人権法が成立した06年、私は共産党を退職し、京都にある出版社に勤めることになる。これまで述べてきた通り、私は共産党のなかでもどちらかといえば北朝鮮や中国に対して厳しい見方をしてきたのだが、退職直後の時期から北朝鮮が連続的に核実験を行うに及んで、自分の考え方はまだまだ生ぬるいという実感を抱くことになる。

北朝鮮が核実験に踏み切ったことそれ自体からの実感ではない。

何回目の核実験のときだっただろうか、週末、会社の東京出張所に自転車で向かっていたときのことだ。遠くから、北朝鮮の核実験を批判しているようなシュプレヒコールが聞こえてきた。北朝鮮の核実験に対しては、日本のほとんどの世論が反発していたから、それを批判する声を聞いたところで珍しくはない。しかし、集会やデモまでやっている集団の存在は知られていなかったので、近づいていった。

すると見えてきたのは、在日本大韓民国民団（民団）[*3]の方々の、延々と続く長大な隊列だった。衝撃的な光景であった。

もし核実験をしたのがアメリカであったなら、共産党を含む左翼は、躊躇なく集会やデモを挙行していただろう。しかし、それが北朝鮮であったがゆえに、言葉ではあれこれ強い批判をしても、私も含めて行動にまで移すということに思い至らなかったのである。

民団の方々をそこまでの行動に至らせた心の奥底は推測するしかない。韓国系の団体として、北朝鮮が核武装することへの安全保障上の懸念、怒りもあっただろう。でも同時に、北朝鮮の核実験を批判する日本国民の世論が、韓国系である自分たちにも無差別に向かってくるのではないかという恐怖もあり、それをなんとかはねのけようとする、やむにやまれぬ行動でもあったのではないだろうか。

これは、日本の共産党がソ連に対して厳しい批判をしたことによって、冷戦後もようやく生き残れたのと同じ構図である。同じく「共産主義」を掲げていても（同じく「朝鮮半島」出身者でも）、自分はあいつとは違うんだと全身でアピールしないと、この日本で共感を得て生きていけないということなのである。

私はこの日以来、アメリカの覇権主義を持ち出して北朝鮮の覇権主義を相対化するようなことは絶対にやめ、どんな覇権主義国のどんな問題行動であっても、等しく批判するべきだと思うようになる。覇権主義国に対してそういう認識、行動をとることと、相手と外交的な関係を持つことを両立させなければならないと考えるようになる。それが在日の方々がこの日本で誇りを持って生きていく上での支えにもなると認識するようになる。

さらに言えば、そうでないと、北朝鮮の悪行を理由に、日本政府が国民の利益に反するアメリカの無理難題――沖縄・辺野古での大規模な新基地建設、周辺住民に多大の被害を与える軍用機の夜間離着陸訓練、超高額の装備品の購入などさまざまである――を受け入れている現状に対し、効果的に反対することもできないと思うのである。。

本書は、そういう認識を持つに至った筆者が、この十数年、北朝鮮の核・ミサイル問題を通じて考えたことの総括である。

本書で論じたのは国の政策レベルのことであるが、北朝鮮問題は個人としての私たちにも、安全保障観や歴史認識、人権や倫理などに関わる難問を突きつけてくる。北朝鮮をめぐるジレンマは国や国際関係だけでなく、個人の中にも存在するのではないだろうか。その意味でも、本書が読者の参考になれば幸いである。多くの方に手にとってほしいと思う。

本書の刊行にあたっては、あおぞら書房の御立英史氏のお世話になった。知り合ったのは最近だが、異文化理解・多文化共生のための書籍出版をめざす氏の理想と気概に共感し、この10年来ものにしたいと願ってきたテーマである本書の出版をお願いした。話が決まってからは一気に書き上げることになった。感謝の気持ちを表明したい。

北朝鮮［核・ミサイルおよび国際交渉］に関する略年表

１９８５年　12月　北朝鮮が核拡散防止条約（ＮＰＴ）に参加。査察に必要な保障措置協定には署名せず。
１９８９年　１月　ベルリンの壁崩壊。
１９９０年　９月　韓国とソ連が国交正常化。
１９９１年　９月　アメリカのブッシュ大統領（父）が海外に地上配備した戦術核の撤去を発表。
　　　　　　12月　韓国の盧泰愚大統領が韓国に核兵器は存在しないと宣言。
　　　　　　　　　ソ連崩壊。
　　　　　　　　　南北が「朝鮮半島の非核化に関する共同宣言」で合意（翌年２月発効）。
１９９２年　１月　米韓合同演習（チームスピリット）の中止が発表される。
　　　　　　２月　北朝鮮が査察に必要な協定に署名。
１９９３年　２月　査察により北朝鮮の申告内容に矛盾があることが見つかる。
　　　　　　３月　北朝鮮がＮＰＴからの脱退を宣言。
　　　　　　　　　米韓合同演習（チームスピリット）を再開。
　　　　　　５月　国連総会が北朝鮮にＮＰＴへの復帰を求める決議を採択（賛成１４０、反対１）。

1993年　5月　北朝鮮が日本海に向けて初の弾道ミサイル（ノドン）の発射実験。
6月　アメリカと北朝鮮が共同声明を発表（武力の不行使、朝鮮半島の非核化など）。
クリントン米大統領が板門店で北朝鮮の核使用に対して警告。
1994年　3月　南北会談の場で北朝鮮代表が「ソウルは火の海になる」と発言。
6月　アメリカのカーター元大統領が訪朝して金日成と会談し、問題の平和的解決で合意。
10月　米朝が「枠組み合意」で同意。
1995年　3月　朝鮮半島エネルギー開発機構（ＫＥＤＯ）を設立。軽水炉提供までの重油提供を約束。
1998年　5月　北朝鮮がＫＥＤＯによる重油提供がされていないと批判し、合意離脱を示唆。
8月　北朝鮮が日本列島を越えるミサイル・テポドンの発射実験。国連安保理がプレス声明。
10月　北朝鮮のミサイル実験をきっかけに停止していたＫＥＤＯへの協力を日本政府が再開。
2000年　6月　金大中韓国大統領が訪朝し、金正日総書記と史上初の南北首脳会談。
2001年　1月　ブッシュ（ジュニア）が米大統領に就任
2002年　1月　ブッシュ大統領が北朝鮮を「悪の枢軸」と呼ぶ。
9月　小泉純一郎首相が訪朝し、金正日総書記と日朝平壌宣言で合意。
10月　訪朝したケリー米特使に対し、北朝鮮が高濃縮ウランによる核開発継続の事実を認める。
2003年　1月　北朝鮮がＮＰＴ脱退を宣言。アメリカが北朝鮮への重油提供停止。枠組み合意の崩壊。
4月　アメリカ、中国、北朝鮮の三カ国協議が開催。
8月　アメリカ、中国、北朝鮮、日本、韓国、ロシアが第1回六カ国協議を開催。

2004年　2月　第2回六カ国協議を開催。
　　　　6月　第3回六カ国協議を開催。
2005年　1月　再選されたブッシュ大統領が「世界から圧政を消し去る」と表明。
　　　　2月　北朝鮮外務省が「自衛のために核兵器をつくった」とし、六カ国協議の中断を表明。
　　　　9月　第4回六カ国協議が朝鮮半島の非核化と北朝鮮の核廃棄を内容とする共同声明で合意。
　　　　　　アメリカがマカオの銀行を北朝鮮の資金洗浄の疑いがあるとし、米国企業の取引を禁止。
　　　　10月　アメリカが大量破壊兵器拡散に関与した北朝鮮企業の資産を凍結する制裁措置を発動。
　　　　11月　第5回六カ国協議の開始。アメリカの制裁をめぐり米朝が議論したが、すぐに休会。
2006年　7月　北朝鮮が7発の弾道ミサイルを発射、国連安保理が非難決議。
　　　　10月　北朝鮮が初の核実験。国連安保理が非難制裁決議。
　　　　12月　第5回六カ国協議の再開。
2007年　3月　第6回六カ国協議の開催。実質的協議に入れないまま休会し、以降は開催されず。
2009年　4月　北朝鮮がミサイル（テポドン2号改良型）発射実験。
　　　　5月　北朝鮮が2回目の核実験。国連安保理が翌月、非難制裁決議。
2012年　4月　北朝鮮がミサイル発射実験（失敗）。国連安保理が議長声明を採択。
　　　　12月　北朝鮮がミサイル発射実験。はじめて衛星軌道に乗る。国連安保理が翌月、非難制裁決議。
2013年　2月　北朝鮮が3回目の核実験。国連安保理が翌月、非難制裁決議。
2016年　1月　北朝鮮が4回目の核実験（水爆実験と表明）。国連安保理が翌々月、非難制裁決議。

2016年　2月　北朝鮮がミサイル発射実験。国連安保理が翌月、非難決議（前記と同じ決議）。
9月　北朝鮮が5回目の核実験。国連安保理が翌々月、非難制裁決議。
2017年　6月　国連安保理が17年の一連のミサイル実験と核活動を非難する決議。
7月　北朝鮮がミサイル発射実験。国連安保理が翌月、非難制裁決議。
11月　北朝鮮が米本土に到達するとするミサイル発射実験。国連安保理が翌月、非難決議。
2018年　6月　アメリカのトランプ大統領と北朝鮮の金正恩総書記による初の米朝首脳会談。

巻末注

- 冒頭の数字は本文行間に付した注番号に対応。
- カッコ内の数字は当該語句が出てくる本文ページを示す。

第1章　また同じ挫折を繰り返すのか――ジレンマの歴史

1 (22) **朝鮮戦争**――1950年6月、北朝鮮による韓国への先制攻撃から始まった侵略戦争。53年7月に休戦協定が成立するまでに300万人が死亡したといわれる（韓国130万人、北朝鮮50万人、中国100万人、アメリカ5万4000人など）。「休戦」とは言葉の通り戦争の「休止」にすぎず、法的には戦争状態は終わっていないと解釈されるので、終わらせるには平和条約が必要とされる。

2 (22) **スターリン批判**――1956年2月のソ連共産党第20回大会において、第一書記であるフルシチョフが行った秘密報告「個人崇拝とその結果について」のこと。大会に参加していた外国の共産党代表も参加させない秘密会における報告であったが、その後、特定の外国共産党代表には説明され、6月にはアメリカ国務省が英訳を公表するに及んで、世界が知ることとなった。個人独裁による政治体制の問題が明らかになり、非スターリン化がうたわれたにもかかわらず、ハンガリーなどで非スターリン化が進むとソ連は軍隊を投入して鎮圧したし（ハンガリー動乱）、国内でも秘密警察による監視態勢が続くなど、政治体制に本質的な変化は生まれなかった。

3 (24) **部分的核実験禁止条約**――1963年にアメリカ、イギリス、ソ連が調印したもので、正式名称は「大気圏内、宇宙空間及び水中における核兵器実験を禁止する条約」。すべての核実験を禁止するのではなく、地下核実験は容認していたため、部分的（Partial）の呼び名が付いた。当時、この3カ国は地下実験によって核開発を進められるだけの能力を獲得していたため、条約の目的は他国の核開発を許さないこととみなされ（フランスや中国は条約に反対した）、核軍縮に貢献するものではないと思われた。実際、米ソの核軍拡競争は、条約締結後も際限なく続くことになる。なお、地下核実験まで禁止する「包括的（Comprehensive）核実験禁止条約」は1996年に国連総会によって採択され、約160カ国が批准しているが、核保有国であるアメリカ、中国などが批准していないため、いまだに発効していない。

4

(25) **党の唯一思想体系確立の10大原則**――2013年に金正恩によって改訂され、以下のようになっている。名称も「党の唯一領導体系確立の10大原則」と変更。

第1条　全社会を金日成・金正日主義化するために命をささげて闘争するべきである。
第2条　偉大な金日成同志と金正日同志を我が党と人民の永遠の首領、主体の太陽として高く奉じるべきである。
第3条　偉大な金日成同志と金正日同志の権威、党の権威を絶対化し、決死擁護すべきである。
第4条　偉大な金日成同志と金正日同志の革命思想とその具現である党の路線と政策で徹底的に武装すべきである。
第5条　偉大な金日成同志と金正日同志の遺訓、党の路線と方針貫徹で無条件性の原則を徹底的に守るべきである。
第6条　領導者（金正恩）を中心とする全党の思想意志的統一と革命的団結をあらゆる面から強化すべ

きである。

第7条　偉大な金日成同志と金正日同志に倣い、高尚な精神道徳的風貌と革命的事業方法、人民的事業作風を備えるべきである。

第8条　党と首領が抱かせてくれた政治的生命を大切に刻み、党の信任と配慮に高い政治的自覚と事業実績で応えるべきである。

第9条　党の唯一的領導の下に全党、全国、全軍が一つとなって動く強い組織規律を打ち立てるべきである。

第10条　偉大な金日成同志が開拓し、金日成同志と金正日同志が導いて来た主体革命偉業、先軍革命偉業を代を継いで最後まで継承・完成すべきである。

5（30）**ラングーン事件**――1983年10月、ビルマ（現ミャンマー）の首都ラングーン（現ヤンゴン）のアウンサン廟で、北朝鮮の特殊部隊が引き起こした爆弾事件。ビルマを訪問中だった韓国の全斗煥大統領の殺害が目的であり、21名が爆死し、47名が負傷したが、全斗煥は乗っていた自動車の到着が遅れたため難を逃れた。ビルマ警察が実行犯3名を追い詰めて2人を逮捕し（1名は射殺）、北朝鮮の犯行であることを自白させたが、北朝鮮は一貫して関与を認めていない。

6（30）**大韓航空機爆破事件**――1987年11月、大韓航空の旅客機が北朝鮮の工作員により、飛行中に爆破された事件。乗員11名、乗客104名全員が死亡した。実行犯は日本の旅券を持った2人の男女であり、バーレーンの空港で乗り換えようとした際に拘束されたが、男はその場で服毒自殺し、金賢姫のみが韓国で裁判を受け、死刑判決を受けた（のちに特赦）。捜査の過程で、日本から拉致された女性に日本語の教育を受けたことを明らかにし、北朝鮮が日本人を拉致していたことが暴露されることになった。

7（32）**日朝平壌宣言**――2002年9月、小泉純一郎首相が日本の総理大臣として初めて北朝鮮を訪問し、金正日国防委員長と会談をして調印された文書。日朝国交正常化を早期に実現させること、日本は過去の植民地支配を謝罪し、国交正常化後に北朝鮮に対して経済協力を実施すること、国際法を遵守し、互いの安全を脅かす行動をとらないこと、朝鮮半島の核・ミサイル問題については国際合意に基づいて解決することなどを確認した。北朝鮮はこの会談において日本人を拉致したことを認めたが、8人は死亡しているとの通告があり、日本の世論の大勢は非難を強めた。その後の調査で示された「死亡」状況の説明も説得力のないもので、再調査なども約束したが、暗礁に乗り上げて現在にいたっている。ただ、両国とも「宣言」の有効性を否定するような態度はとっていない。

第2章　「非核化」と「体制保証」は両立できるのか――ジレンマの連鎖

1（60）**核兵器禁止条約**――正式名称は「核兵器の禁止に関する条約」。2017年7月に国連会合で採択された。文字通り、核兵器の開発、実験、製造、移転、使用と威嚇など核兵器にかかわる主要な活動のほとんどを禁止した。実際に核兵器を廃絶するプロセスについて合意したものではなく、法的に禁止されるべきものという位置づけを与えた条約である。核保有国の批准が発効に不可欠な包括的核実験禁止条約と異なり、50カ国が批准した時点で発効する。当初案では「威嚇」は禁止対象に含まれておらず、核抑止力に依存する国に配慮しているとみなされたが、議論の過程で「使用と威嚇」の両方が禁止対象となり、核抑止力を否定する見地が貫かれることとなった。

2（81）**リビア方式**――リビアはカダフィ政権のもとで核兵器開発計画を進めていたが、アメリカなどとの交渉の末、2003年末、計画を放棄することを約束した。実際、開発用の機器や書類は翌年3月にはアメリカに移送されることになる。その見返りが経済制裁の緩和であり、実際に06年、アメリカは国内法を改正して米国企業がリビアとの取引ができるようにした。リビアにおける欧米企業の活動は活発化し、それに伴ってリビア国民の自由への渇望も広がるが、カダフィは反体制的な人物を政治犯収容所に送り込み、言論弾圧も強めたため、国内は内戦状態になっていく。それに対して、NATOが市民の側に立って政府軍とその施設を空爆するなどして政権が崩壊し、カダフィも殺害されるにいたった。リビア方式を北朝鮮に適用することについて、トランプ大統領は否定する発言をしているが、ボルトン大統領補佐官は堂々と肯定している。

3 (89) **非核三原則**——「核兵器を持たず、つくらず、持ち込ませず」というもので、1967年に佐藤栄作首相が言明し、現在も日本の国是とされる。このうち、「持ち込ませず」については、核兵器を搭載した米艦船が寄港することなどが密約で認められてきたので、「2・5原則だ」と言う人もいる。政府が非核三原則の法制化を一貫して拒否しているのは、表向きは「内外に十分周知徹底されていることから、改めて法制化する必要はない」という理由によるが、法的に縛ってしまうと、いざという時のアメリカによる核持ち込みなどが違法となり、軍事行動が制約されるからに他ならない。

第3章　北朝鮮の人権問題をどう考えるべきか——ジレンマの底流

1 (97) **朝鮮総連**——正式名称は「在日本朝鮮人総聯合会」。「各界各層の在日同胞の民族的利益を代弁し、その実現と民族性を守るため活動する民族団体」と自らを規定する(ホームページ)。「朝鮮民主主義人民共和国の国家的、法的保護を受ける」（同右）と明記するように、北朝鮮系である。

2 (97) **朝鮮青年同盟**――正式名称は「在日本朝鮮青年同盟」。朝鮮総連傘下の青年団体。

3 (101) **在日朝鮮人の帰還事業**――1950年代末から84年まで、在日朝鮮人を北朝鮮に集団的に帰国させた事業のこと。政府・自民党にとっては日本にいる朝鮮人を少なくすることができるし、共産党にとっては社会主義の宣伝になるので（開始当初は韓国よりも北朝鮮のほうが経済的にも進んでいたとされる）、思惑は違うけれども党派を超えて推進されることになる。国民の多くも、在日の人びとが本来住むべき国に帰国できる取り組みとしてあたたかく送り出していた。

4 (102) **アパルトヘイト**――南アフリカの公用語であるアフリカーンス語でもともとは「分離」を意味する言葉。南アでは17世紀にオランダが、18世紀からはイギリスが入植を開始し、少数の白人が圧倒的多数の黒人を支配する政治制度をつくりあげた。第二次大戦後の48年、黒人による民族運動の高揚を恐れた白人政党である国民党が、アパルトヘイトの名で人種隔離政策の必要性を訴え、単独政権を発足させて本格的にこの政策を推進することになる。人種の区分を定める「人口登録法」、人種間の結婚を禁止する「雑婚禁止法」、人種別に居住区を定める「集団地域法」など、関連の法律がいくつもつくられた。人口の8割を占める黒人が土地面積では13%にすぎない地域に隔離された。

5 (112) **人権状況を調査する新たな制度**――人権理事会の発足後も、特定の国を対象にして人権状況を調査し、勧告を採択して改善を迫る「特別手続」は継続しているが、対象は10カ国程度に減った。それに伴って新たにスタートしたのが、「普遍的・定期的審査」と呼ばれるものでり、すべての加盟国が4年に1度の審査を平等に受ける。理事会がくじで選んだ3カ国の代表が、審査を受ける国に対する審査事項や質問を出し、各国は報告書を提出し、会議の場で3時間をかけて「建設的な対話」が行われる。最後に審査報告書がつくられ、その結論を実施する過程が始まる。その過程ではＮＧＯも参加でき、たとえば日弁連が日本で死刑廃止条約などが署名されていない状況を批判したりもしている。同じようなことは国際人権規約に関しても行われるが、それは国際法などの専門家が行うもので、人権理事会の審査は政府代表が担うところに違いがある。

第4章　日本は「戦略的虚構」による解決をめざせ——ジレンマの克服

1 (155) **青瓦台襲撃事件**——１９６８年1月、北朝鮮の特殊部隊31名が韓国の大統領府にあたる青瓦台を襲撃した事件。未遂に終わった。この時期、北朝鮮では、韓国で革命的な闘いが勃発しているかのような宣伝が行われ、それに呼応して南進することも示唆されていた。唯一逮捕された部隊員の告白によれば、朴正熙大統領（当時）を殺害すれば韓国民衆が革命を起こすと教えられていたという。しかし、当然のことではあるが、韓国にはこれに呼応するような動きは生まれなかった。

2 (159) **ポツダム宣言**——１９４５年7月、アメリカ大統領、イギリス首相、中華民国主席の名で日本に対して発された宣言で、全13カ条からなる。正式名称は、「日本への降伏要求の最終宣言」。

3 (159) **東京裁判**——正式名称は「極東国際軍事裁判」。１９４６年5月から48年11月まで、連合国が「戦争犯罪人」として指定した日本の指導者などを裁いた。この評価をめぐって日本の世論は分裂している。ある人は「文明の裁き」と持ち上げ、日本の侵略が裁かれたことを高く評価する。一方、「勝者の裁き」だとして、当時の国際法は侵略を犯罪として裁くほどの水準に達していなかったことや、日本が行った民間人虐殺は裁かれたが、アメリカによる原爆投下などは裁かれなかったことを問題にする立場もある。実際、侵略を犯罪として裁くことは、東京裁判を通じて芽生え、最近ようやく確立していったものであり、当時は犯罪として裁くだけの法的な規範は確立していなかったのは事実である。しかし、そういう規範が確立されたのは、弱点があっても東京裁判が行われたからでもあり、裁判の意義を明確にするためにも、弱点と問題点は率直に見つめる必要がある。

4 (180) **日韓国交正常化と経済協力**——1965年、日本と韓国は「日韓基本条約」(正式には「日本国と大韓民国との間の基本関係に関する条約」)を結び、国交を正常化する。植民地支配が終わってから20年もかかった大きな理由は、植民地支配は違法だったと認めることを求める韓国と、当時の世界でそれは合法だったとする日本の主張が折り合わなかったためで、結局、条約では植民地支配について「もはや無効」という曖昧な表現で決着することになる。この際、「日韓請求権協定」(正式には「財産及び請求権に関する問題の解決並びに経済協力に関する日本国と大韓民国との間の協定」)も結ばれ、日本からの経済協力は無償供与が3億ドル、有償は2億ドルとされた。無償分だけでも当時の韓国の国家予算に匹敵する巨額の支援であった。

5 (181) **1兆円**——この金額が北朝鮮に対する経済協力として大きいか小さいかは、見方によって異なる。日本の単年度の政府開発援助が5000億円超だから、1兆円を支出しようとすると現在の予算の枠内では無理な数字である。しかし、中国に対するODAの総額はこれまで6兆円を超えていることから、日本が戦前に損害を与えた国への供与として特別に多額というわけでもない。かつ、経済規模が小さい北朝鮮の経済改革にとっては重要な意味を持つもので、日本が北朝鮮に与える影響は限りなく大きくなる。

わが体験的北朝鮮論——あとがきに代えて

1 (196) **日本民主青年同盟（民青）**——1923年に日本共産青年同盟という名称で設立され、戦後、現在の名称になった。名称の変更には、日本で当面求められるのは共産主義ではなく民主主義の徹底であるという共産党の考えが反映しており、同組織自身も、みずからを「青年の切実な要求に応え、生活の向上、平和、独立、民主主義、社会進歩を目指す自主的な青年組織」（同組織の綱領にあたる「目的」からの引用）と位置づける。「日本共産党を相談相手とし、援助を受けて、科学的社会主義と日本共産党綱領を学ぶ」（同前）ことも明記している。15歳から30歳までが対象である。

2 (205) **北朝鮮人権法**——正式名称は「拉致問題その他北朝鮮当局による人権侵害問題への対処に関する法律」（2006年6月成立）。北朝鮮による拉致問題および国内の人権侵害問題について、政府や自治体による啓発週間の実施、年次報告の提出などの責務を明記している。自民、民主、公明などの賛成多数で成立した。

3 (206) **在日本大韓民国民団（民団）**——「在日同胞のため相互扶助や親睦行事のほか、権利獲得に努力する生活者団体」と自らを規定する。綱領で「大韓民国の国是具現を期する」と明記しているように、韓国系である。「日本地域社会に貢献する」（綱領）ともうたっている。

著書一覧

『9条「加憲」案への対抗軸を探る』（共著、かもがわ出版、2018年）
『改憲的護憲論』（集英社新書、2017年）
『対米従属の謎――どうしたら自立できるか』（平凡社新書、2017年）
『「日本会議」史観の乗り越え方』（かもがわ出版、2016年）
『慰安婦問題をこれで終わらせる。』（小学館、2015年）
『歴史認識をめぐる40章――安倍談話の裏表』（かもがわ出版、2015年）
『集団的自衛権の焦点――「限定容認」をめぐる50の論点』（かもがわ出版、2014年）
『集団的自衛権の深層』（平凡社新書、2013年）
『憲法九条の軍事戦略』（平凡社新書、2013年）
『オスプレイとは何か――40問40答』（共著、かもがわ出版、2012年）
『これならわかる日本の領土紛争――国際法と現実政治から学ぶ』（大月書店、2011年）
『マルクスはどんな憲法をめざしたのか』（大月書店、2010年）
『幻想の抑止力――沖縄に海兵隊はいらない』（かもがわ出版、2010年）
『レーニン最後の模索――社会主義と市場経済』（大月書店、2009年）
『日本国憲法は「時代遅れ」か？――九条が武力紛争に挑む』（学習の友社、2008年）
『平和のために人権を――人道犯罪に挑んだ国連の60年』（文理閣、2007年）
『靖国問題と日本のアジア外交』（大月書店、2006年）
『9条が世界を変える』（かもがわ出版、2005年）
『ルールある経済社会へ』（新日本出版社、2004年）
『反戦の世界史――国際法を生みだす力』（新日本出版社、2003年）
『「集団的自衛権」批判』（新日本出版社、2001年）
『「基地国家・日本」の形成と展開』（新日本出版社、2000年）
『日米地位協定逐条批判』（新日本出版社、共著、1997年）

著者プロフィール

松竹伸幸（まつたけ・のぶゆき）

編集者・ジャーナリスト、日本平和学会会員、「自衛隊を活かす会」事務局長。1955年、長崎県生まれ。小学校から兵庫県神戸市に移住し、県立神戸高校を経て1979年、一橋大学社会学部卒。直後に日本民主青年同盟の専従となり、おもに国際活動を担当する。その後、国会議員秘書を経験した上で、日本共産党中央委員会安保外交部長を歴任するなど、日本の安全保障、外交の分野で仕事をする。2006年より出版社に勤務し、2015年には現行憲法下での自衛隊のあり方を探るため「自衛隊を活かす会」（代表=柳澤協二）を結成し、現在に至る。

北朝鮮問題のジレンマを「戦略的虚構」で乗り越える

2019年２月15日 第１刷発行

著者……………松竹伸幸
発行者…………御立英史
発行所…………あおぞら書房
〒244-0804 横浜市戸塚区前田町 214-1 GMH 2-121
http://www.blueskypress.jp
メール：info@blueskypress.jp
電話：045-878-7627
FAX：045-345-4943
装丁……………倉田明典
組版……………アオゾラ・クリエイト
印刷・製本……モリモト印刷

ISBN 978-4-909040-01-5
2019 Printed in Japan
© 2019 Nobuyuki Matsutake